主　编　陈　红
副主编　芦　慧　龙如银　岳　婷　陈飞宇

组织行为学
精要

Essentials of
Organizational Behavior

社会科学文献出版社
SOCIAL SCIENCES ACADEMIC PRESS (CHINA)

前　言

VUCA①时代随着信息化、全球化的发展而到来，使得当今世界的格局易变而复杂，充满不确定性和模糊性。时代的更迭、组织内个体价值观的多元化呈现、技术的快速演进，都对组织的生存、成长与发展提出了全新的要求，特别给组织及其行为管理带来了极大的挑战。在此背景下，组织行为学的研究内容不断更迭，不断衍生出符合当前时代要求和组织成长发展需求的前沿内容。当然，组织行为学的普适化经典内容依然贯穿于不同时代下的组织管理模式中。也就是说，组织行为学的知识模式其实是经典思想和前沿知识的并存。如此，似乎也验证了：组织行为学，无疑依旧是过去、现在和未来的研究热点。

此外，鉴于组织行为学的跨学科特征，以往组织行为学相关书籍的体系较为庞大，对于想在短时期内了解和掌握相关知识点的使用者来说，可能存在便捷性问题。基于此，为了深刻而全面地反映组织行为学研究内容的过去、现在以及未来，同时兼顾组织行为学的跨学科特征以及使用者的便捷性，本书力求从经典思想、前沿知识点、相关学科知识点等多元化视角立体呈现符合 VUCA 时代特征要求的组织行为学关键知识点体系。

本书共分为十六章：第一章组织行为学入门，主要介绍组织行为学相关基本概念；第二章组织中的个体差异，包括组织多元化、个体能力、价值观、人格等方面的内容；第三章个体行为的基础，包括知觉、归因、情绪、态度、压力等内容；第四章个人行为与组织的匹配，主要涵盖自我效

---

① VUCA 是 Volatility（易变性）、Uncertainty（不确定性）、Complexity（复杂性）、Ambiguity（模糊性）的缩写。

能、胜任力、工作满意度、组织认同、组织承诺、组织支持等相关内容；第五章激励，包括内容型激励、过程型激励、调整型激励及激励应用等内容；第六章群体行为，主要有群体属性、群体行为、群体发展、群体互动、群体决策等内容；第七章团队，涵盖了团队形成、团队效能、团队管理与评估等内容；第八章领导，包括领导权力、领导特质理论、领导行为理论、领导权变理论等内容；第九章沟通，包括沟通的类型、障碍、改善与挑战等内容；第十章冲突与冲突管理，包括冲突的类型、根源、表现形式等内容；第十一章权力与政治，包括权力的分类、权术、政治等内容；第十二章组织结构与组织设计，主要涵盖组织结构与组织设计两个方面的内容；第十三章组织文化、组织发展及变革，包括组织文化内涵与功能、组织文化理论、组织文化形式、文化策略、组织变革与发展等内容；第十四章组织知识管理与组织学习，包括组织知识管理、组织学习、组织记忆与组织遗忘、学习型组织等内容；第十五章网络与网络组织，包括网络与网络组织概念、形式及管理等方面的内容；第十六章新兴组织的兴起与发展，包括新兴组织的类型及其他相关概念。本书的特色在于，不仅全面、系统地阐释了组织行为学领域理论前沿与实践创新知识点，而且清晰、有逻辑地将各相关学科的知识点全面呈现；不仅是管理学、心理学相关专业学习者的重要参考工具，还是相关从业者的实用型指导书。

本书的编撰成员均为中国矿业大学组织与行为科学系的教师及相关专业的研究生，包括：龙如银、芦慧、岳婷、陈飞宇、刘蓓、李倩文、李姗姗、侯聪美、王佳琪、杨檬华、杨家慧、王燕青、陈振、邹佳星、韩钰、庄颜嫣、刘海雯、甘辛、刘君丽、李海峰、刘爽、张钦、叶景、杨星星、江世艳、刘严、郭佳、封燕、杨滢萤、张乐、任媛。在工作、学习之余，他们花费了大量的时间对词条进行筛选、提炼、摘录，并结合组织行为学科体系特点，对收集的词条进行结构搭建、体系化处理。在这个过程中，还要感谢芦慧、岳婷、陈飞宇、刘蓓、李倩文、侯聪美、王佳琪、杨檬华、杨家慧、王燕青、刘海雯、刘君丽、李海峰、叶景、杨星星、江世艳、刘严、郭佳、杨滢萤、任媛等老师和同学进行的循环反复、精益求精的词条校对工作。在本书编撰过程中，他们及时高效、精准执行、任劳任怨，是他们的辛勤付出成就了本书的质量。

　　本书的完成和出版得到了以下项目支持：江苏省高校哲学社会科学优秀创新团队培育（2017）和中国矿业大学"十三五"品牌专业建设工程资助项目（2017），在此一并致谢！

陈　红

2019 年 8 月

于中国矿业大学南湖校区

C 目录
ONTENTS

第一章　组织行为学入门

1.1　管理者做什么

● 管理（Manage）

指在不断变化的环境中，运用科学的职能和方法，有效利用组织的各种资源，实现组织成员和组织整体目标的活动过程。

● 管理者（Managers）

指在组织中通过作决策、分配资源、指导他人的活动来实现工作目标的人。管理者通过其地位和知识，对组织负有贡献的责任。

● 管理职能（Management function）

指管理者在管理过程中所发挥的作用，通常包括计划、组织、领导、控制四个职能。管理职能是管理系统所具有的职责和功能。

◇计划（Plan）

指管理者根据对组织外部环境与内部条件的分析确定组织目标，并选择能够达成这些目标的手段。

◇组织（Organize）

指管理者负责组织结构的设计，包括决定完成什么样的任务；谁来承担这些任务；如何把任务进行分类；向谁汇报工作以及在什么地方作出决策。

◇领导（Lead）

指管理者为实现组织的目标而运用权力向其下属施加影响力的一种行为或行为过程。

◇控制（Control）

指管理者监控以及对可能的错误进行纠正的活动。包括制定各种控制标准；检查工作是否按计划进行，是否符合既定的标准；若工作发生偏差要及时发出信号，然后分析偏差产生的原因；纠正偏差或制定新的计划，以确保实现组织目标。

- **传播者角色**（Transmission role）

  指管理者通过联络角色将外部信息传递给组织内部，并且通过领导者角色在下属间传递内部信息。

- **发言人角色**（Speaker role）

  指管理者作为正式的权威群体，面向组织的外部（如董事会或其他的上级），以及一般的公众（如供应商、客户、政府部门和媒体）传递信息。

- **监督者角色**（Supervisor role）

  指管理者要询问联系人和下属，通过各种内部事务、外部事情和分析报告等主动收集信息，寻找和接收信息，以便管理者加深对组织工作及其环境的理解。

- **联络角色**（Liaison role）

  指管理者建立和维持内外良好人际关系的网络，如与外部税务、公安、其他组织或与内部其他部门建立良好的公共关系。

- **领导者角色**（Leader role）

  指管理者凭借着组织赋予的权力负责配备人员，激励和指导下属。

- **人际角色**（Interpersonal role）

  指管理者履行礼仪性和象征性的义务。

- **决策角色**（Decision-making role）

  指管理者处理分析信息并得出方案和结论。决策角色一般分为四种：企业家角色、资源分配者角色、谈判者角色、混乱驾驭者角色。

  ◇ *企业家角色*（Entrepreneur role）

  指管理者通过寻求组织和环境中的机会发起和规划有控制的（即主动的）变革，并采取行动改善现状。

  ◇ *资源分配者角色*（Resource allocator role）

  指管理者使用正式权力对组织的各种资源（如金钱、时间、物资和人员等）配置作出决策。

  ◇ *谈判者角色*（Negotiator role）

  指管理者作为组织代表参与其他个人或组织的谈判活动。

  ◇ *混乱驾驭者角色*（Chaotic controller role）

  指管理者在组织面临重大的、意外的动乱时，负责采取补救活动。

- **概念技能**（Conceptual skills）

指管理者对复杂情况进行抽象和概念化的技能，即纵观全局、洞察组织与环境相互影响的复杂性、了解整个组织及自己在组织中地位和作用的能力。

- **技术技能**（Technical skills）

指管理者使用经验、教育及训练所得到的知识、方法、技能去完成特定任务的能力。这主要指把专业知识、技术应用到管理中去的能力。

- **人际技能**（Interpersonal skills）

指管理者处理人事关系的能力，即在独立工作过程中或者群体工作中，与他人合作、理解并激励他人的能力。

- **诊断技能**（Diagnostic skills）

指管理者针对特定的情境寻求最佳反应的能力，也就是分析问题、探究原因、因应对策的能力。

1.2 走进组织行为学

- **组织行为**（Organizational behavior）

指组织内部的群体和个体产生的行为以及个体、群体或组织本身与环境相互作用后产生的反应。

- **组织行为学**（Science of organizational behavior）

指研究组织中人的心理活动规律和行为规律的一门科学，它探讨在组织情境下个体、群体以及组织结构对组织内部行为的影响，目的是应用这些知识改善组织绩效。

- **组织外部环境**（Organizational external environment）

指组织所处的社会环境，实际上也是管理的外部环境。外部环境可以分为一般外部环境和特定外部环境。一般外部环境包括的因素有社会、人口、文化、经济、政治、法律、技术、资源等。特定外部环境因素主要是针对企业组织而言的，包括的因素有供应商、顾客、竞争者、政府和社会团体等。

- **组织绩效**（Organizational performance）

指组织在某一时期内组织任务完成的数量、质量、效率及赢利情况。组织战略取向、高层管理、组织结构、组织变革、内部信任关系等因素均会影响组织绩效。

- **组织效率**（Organizational efficiency）

指各级各类社会组织及其管理人员从事管理活动的产出同所消耗的人力、物力、财力等要素间的比例关系，是管理职能的具体体现，反映了组织目标的达成情况。

- **组织公正**（Organizational justice）

指存在于组织中，被员工知觉到的公平。一般有三种形式：分配公正、程序公正和人际公正。

- **组织任期**（Organizational tenure）

指个体员工为组织工作的时间长度。

- **定性与定量法**（Qualitative and quantitative methods）

定性研究指一种市场研究方法，侧重于通过开放式和对话式的交流获取数据；定量研究是指收集和分析数值数据，以描述特征、寻找相关性或检验假设。

- **案例研究**（Case study）

指一种涉及对特定案例进行近距离、深入和详细审查的研究方法。

- **行动研究**（Action research）

指对各种形式的社会行为的条件和效果进行的比较研究，以及导致社会行为的研究。它使用了一系列步骤，每个步骤都由计划、行动和对行动结果的实况调查组成。

- **理论研究**（Theoretical research）

对系统收集的证据进行研究，以建立知识结构使不同的研究结果有意义，并反过来提供可以进行实证研究的独特预测。

- **描述研究**（Descriptive research）

指描述研究对象或现象特征的研究方法。这种方法更注重研究对象的"是什么"，而不是研究对象的"为什么"。

- **情景研究**（Scenario research）

指一种旨在通过设定特定情景来激发创新思维的研究方法。

- **情景模拟法**（Scenario simulation）

指根据被试者所担任的职务，设计一个与岗位实际情况相似的测试场景，将被试者放在模拟的工作环境中，由测试者观察其才能、行为，并按照一定规范对测试行为进行评定的方法。

- **实验法**（Experimentation）

指能较严格控制无关变量，较自由地操作自变量，以发现因变量的变化，从而求得自变量与因变量之间因果关系的一种研究方法。

- **调查法**（Survey）

指用于从预先确定的受访者群体中收集数据，以获得有关各种感兴趣的主题的信息和见解的一种研究方法。

- **系统方法**（System approach）

指将组织作为一个相互关联、相互依赖的系统或作为一个由统一或有序子系统组成的"有组织的整体"的一种分析方法。

- **心理测验法**（Psychometry）

指一种测量工具或技术，它要求一个人执行一种或多种行为，以便对人类的属性、特征或特性进行推断或预测未来的结果。

- **循证管理**（Evidence-based management）

指一种运用批判性思维和最佳证据来作出管理和与人相关的决策

的实践。

- **因果关系研究**（Causality research）

指一种用于确定两个或多个变量之间因果关系的研究方法。

- **应用研究**（Applied research）

指以解决实际问题为目的的科学研究和调查。

- **预测研究**（Predictive research）

指与预测未来事件或行为有关的实证研究。

- **咨询研究**（Service research）

指使用组织行为学研究中的原则来评估客户的组织问题并提供高质量的服务。

- **关系管理**（Relationship management）

指为提高组织的绩效而进行的管理活动，包括影响他人的信念和感情、开发他人的能力、管理变革、培养关系、支持团队工作与合作。

- **关系资本**（Relationship capital）

指企业与利益相关者为实现其

目标而建立、维持和发展关系并对此进行投资而形成的资本。包括组织的商誉、品牌形象,以及组织成员与组织以外成员的关系。

- **人力资本** (Human capital)

指企业的一种知识存量,是体现在劳动者身上的资本,包括员工的知识、技能和能力。

- **结构资本** (Structural capital)

指企业的无形资产,它包括组织系统和结构中获得并保留下来的知识以及产成品。结构资本是影响企业人力资本效率,进而影响人力资本投资的重要环境因素。

- **智力资本** (Intellectual capital)

指企业所掌握的所有信息资源的集合,是员工的专业知识、组织流程和其他无形资产的总和。

- **利益相关者** (Stakeholder)

指组织外部环境中受组织决策和行动影响的任何相关者。利益相关者可能是客户内部的,也可能是客户外部的。大多数情况下,利益相关者可分为所有者和股东、银行和其他债权人供应商、购买者和顾客、广告商、管理人员、雇员、工

会竞争对手、地方及国家政府、管制者、媒体公众利益群体、政党和宗教群体以及军队。

- **创造性思想** (Creative thought)

指被主观地评判为在组织内和所嵌入的领域内具有较高的新颖性(该思想在现有思想中独特的程度)和有用性(该思想提供的价值程度)的思想。

- **社会责任** (Social responsibility)

指企业的运营方式符合所在环境的道德规范。它超越了法律与经济对组织所要求的义务,社会责任是组织管理道德的要求,完全是组织出于义务的自愿行为。

1.3 组织行为学的学科特性与学科体系

- **组织行为学的学科特性**

组织行为学作为一门学科,具有区别于其他学科的特性。

◇多层面性 (Multifacetedness)

指组织行为学的主题通常分为三个层次:组织中的个体行为、组织中的群体行为以及组织行为。

◇科学性 (Scientificity)

指组织行为学研究依靠科学方

法和系统研究的标准来推动相关研究的进展，科学方法包括提出并研究问题、系统地收集数据、用数据检验假设，主要依靠量化的数据和统计方法来检验假设。

◇跨学科性（Interdisciplinarity）

指组织行为学以行为科学（主要指心理学、社会和文化人类学）的概念、模式和方法为主要知识基础，同时吸取借鉴政治学、经济学、历史学、工程学和信息系统科学等多门学科的概念、理论和方法的特性。

◇情境性（Situationality）

指组织行为学研究的是千变万化的人、群体和组织的行为，因此不可能有通用的最佳模式，而是主张根据不同情境采取不同的理论和对策。情境性也称为权变性。

- **对组织行为学有贡献的学科**

组织行为学是一门应用性的行为科学，它是在众多行为科学分支的基础上建立起来的。

◇社会心理学（Social psychology）

指心理学和社会学相结合的产物，关注人与人之间的相互影响，通常被看成心理学的一个分支。

◇心理学（Psychology）

指对人和动物的行为进行测量和解释，有时还包括对行为进行改变的科学。

◇政治学（Politics）

指研究政治关系及其发展规律的科学，政治关系在本质上是人们在一定经济基础上，围绕特定利益，借助社会公共权力来规定和实现特定权力的一种社会关系。

◇人类学（Anthropology）

指通过对社会的研究，了解人类及其行为的一门学科。

◇工业工程学（Industrial engineering）

指对人员、物料及设备等，以及整个系统设计、改进及运用进行研究的一门科学。

◇社会学（Sociology）

指研究与社会环境和文化相联系的人的一门学科。

- **组织行为学模型**

我们给出一个界定组织行为学领域的整体模型，确定了主要的因变量和自变量。

◇模型（Model）

指对现实的一种抽象概括，是对某些真实世界中现象的简化表征。

◇输入（Input）

指诸如人格、群体结构、组织文化等能够引起过程的变量。

◇过程（Process）

指个体、群体以及组织参与的活动，由输入引起，最终带来一定的输出。

◇输出（Outcomes）

指你想要解释或预测的关键变量，关键变量会受到其他变量的影响。

◇态度（Attitude）

指对物体、人或事件作出的有利或不利的评价，态度反映了我们对事物的感觉。

◇压力（Stress）

指一种令人不愉快的心理体验，通常是对环境中的压力源做出的一种反应。

◇任务绩效（Task performance）

指个体完成核心工作任务的效果和效率。任务绩效可以由每小时生产产品的数量和质量来衡量。

◇自变量（Independent variable）

指研究者主动操纵而引起因变量发生变化的因素或条件。

◇因变量（Dependent variable）

指我们要解释或预测的关键因素，它受到其他一些因素的影响。

◇公民行为（Citizenship behavior）

指一种员工自觉从事的行为，它不包括在员工的正式工作要求中，但这种行为会给工作场所的心理和社会环境带来有利的影响。

◇退缩行为（Withdrawal behavior）

指员工采取的一系列脱离组织的行为。退缩的表现有多种形式，迟到、不参加会议、缺勤、离职等都属于退缩行为。

◇群体凝聚力（Group cohesiveness）

指群体成员间的相互支持和认可。

◇群体功效（Group functioning）

指一个群体工作的数量和质量。

◇缺勤率（Absenteeism）

指员工没来上班所占的比例。

◇流动率（Turnover）

指员工永久地离开一个组织所占的比例，这可能是主动行为，也可能是非主动行为。

◇工作场所中的偏常行为（Deviant workplace behavior）

指违反重要的组织规则从而威胁组织或者其他组织成员的利益的主动行为。也称为不当行为或工作场所中的无礼行为。

1.4 组织行为学面临的挑战与发展趋势

- **玻璃扶梯**（Glass escalator）

　　指男性员工在许多以女性为主导的工作领域中往往晋升更快的一种现象。

- **性强迫**（Sexual coercion）

　　指以工作上的不利后果进行威胁，或许诺给予工作上的奖励来或明或暗地提出性要求。

- **性骚扰**（Sexual harassment）

　　指对工作环境或者工作产生不利影响的涉及性的不受欢迎的行为。包括粗鲁的评价、两性笑话以及其他贬损某人的性别，或对某种性别表示敌意的行为。

- **工作生活平衡**（Work and life balance）

　　指个人生活中个人活动与职业活动之间的优先级，以及与工作相关的活动在家庭活动中所占的比重。

- **人力资本贬值**（Human capital deterioration）

　　指个体随着年龄增长而导致各种人力资本盈利能力降低，如遗忘、身体机能下降等，也可能源于工作要求变化，个人的知识、技能、能力与工作任务、职责要求等由匹配变为不匹配。

- **职业贬值**（Professional obsolescence）

　　指员工在目前或将来的工作角色中，由于未及时更新知识、技能从而无法保持有效工作绩效的程度。

- **人力过时**（Manpower obsolescence）

　　指相较于其他人，个体不能熟练、适当运用被认为对本岗位重要的知识、方法和技术。

- **跨国组织**（Transnational organization）

　　指在全球大范围内经营，员工具有不同的文化背景的组织。

- **民族文化**（National culture）

　　指一个国家的居民共有的价值观，这些价值观塑造了他们的行为以及他们看待世界的方式。

- **虚拟办公室**（Virtual office）

  指人们可以通过网络在任何时间、任何地点与任何一个人一起工作的工作环境。

- **虚拟工作**（Virtual work）

  指利用信息技术在传统的工作场所之外进行的工作。

- **劳动力多元化**（Workforce diversity）

  指组织的劳动力构成在性别、种族等方面的多样化，包括：男性劳动力和女性劳动力；不同种族和民族团体的劳动力；在生理或心理能力上各不相同的劳动力；年龄和性取向不同的劳动力等。

- **扁平化**（Flat）

  指组织减少管理层级，授权给操作层面的部门参与或制定决策。

- **柔性化**（Flexibility）

  指公司摒弃过去僵化的规则、管理和结构等，对员工、客户和其他利益相关者的多样化需求做出灵活反应，同时又不引起有关不公正或不公平的谴责的做法。

- **全球化**（Globalization）

  指一种统一的全球经济趋势，国家界限基本被打破，产品、服务、人员、技术和金融资本在国家之间的流动相对自由，使得世界各个地方的人在经济、社会、文化方面产生联结。

- **反射性最佳自我**（Reflected best self）

  指以开发员工长处为目的，让员工思考自己什么时候处于最佳状态，从而研究如何发掘他们的优势。这个观点就是，我们都有自己擅长的领域，然而我们常常关注改善自身的不足，却几乎没有思考怎样去开发我们的长处。

- **积极组织学术研究**（Positive organizational scholarship）

  指主要关注积极组织行为，所研究的内容是组织如何发掘员工的优势，激发他们的活力和适应力，开发他们的潜能。

- **绿色管理实践**（Green management practice）

  指企业根据自身条件与所处的外部环境，为节约资源、减少环境污染、杜绝浪费、改善环境，通过研发、生产和营销等活动，实现经济、社会和环境保护等协调发展而进行的全面、全员、全过程的战略活动。

- **可持续性的人力资源管理**（Sustainable human resource management）

指一系列有利于组织获取可持续竞争优势的人力资源管理实践活动，重在经济绩效、环境绩效、社会绩效三者之间的平衡，以保证组织内外部效益的最大化。

- **边界管理策略**（Boundary management strategy）

指用来组织和分离主域、工作域的角色需求和期望的原则。

引用文献

书籍：

[1] 陈春花，杨忠，曹洲涛．（2016）．组织行为学（第3版）．机械工业出版社．

[2] 关培兰．（2015）．组织行为学（第4版）．中国人民大学出版社．

[3] 胡君辰，吴小云．（2010）．组织行为学．中国人民大学出版社．

[4] 胡君辰．（2014）．组织行为学（第2版）．中国人民大学出版社．

[5] 劳里·马林斯，吉尔·克里斯蒂．（2015）．组织行为学精要（第3版）．清华大学出版社．

[6] 聂锐，芈凌云，吕涛．（2008）．管理学．机械工业出版社．

[7] 斯蒂芬·罗宾斯，蒂莫西·贾奇．（2016）．组织行为学（第14版）．中国人民大学出版社．

[8] 斯蒂芬·罗宾斯，蒂莫西·贾奇．（2016）．组织行为学（第16版）．中国人民大学出版社．

[9] 斯蒂芬·罗宾斯，蒂莫西·贾奇．（2017）．组织行为学精要．机械工业出版社．

[10] 张德，陈国权．（2011）．组织行为学（第2版）．清华大学出版社．

[11] 詹姆斯·坎贝尔·奎克，戴布拉·尼尔森．（2013）．组织行为学：现实与挑战（第7版）．清华大学出版社．

期刊文献：

[1] 初可佳，马俊，Kejia, C.，Jun, M. A.（2015）．企业社会责任视角下可持续性人力资源管理构架的理论探索．管理学报，12（6），847．

[2] 黄维德，柯迪．（2017）．社会关系强度对人力资本贬值的影响：工作压力与知识获取的中介作用．南开管理评论，20（5），94–104．

[3] 江旭，沈奥．（2018）．未吸收冗余、绿色管理实践与企业绩效的关

系研究．管理学报，15（04），539 - 547.

[4] Amabile, T. M.（1996）. Creativity in context. Boulder, CO: Westview Press.

[5] Andrews, D., Nonnecke, B., & Preece, J.（2003）. Electronic survey methodology: A case study in reaching hard-to-involve Internet users. *International Journal of Human-Computer Interaction*, *16*（2）, 185 - 210.

[6] Duffy, M., &Chenail, R. J.（2009）. Values in qualitative and quantitative research. *Counseling and values*, *53*（1）, 22 - 38.

[7] Edvinsson, L., & Sullivan, P.（1996）. Developing a model for managing intellectual capital. *European Management Journal*, 14（4）, 356 - 364.

[8] Fisher, W. W., & Mazur, J. E.（1997）. Basic and applied research on choice responding. *Journal of Applied Behavior Analysis*, 30（3）, 387 - 410.

[9] Guest, D. E.（2002）. Perspectives on the study of work-life balance. *Social Science Information*, *41*（2）, 255 - 279.

[10] Iacus, S. M., King, G., & Porro, G.（2019）. A theory of statistical inference for matching methods in causal research. *Political Analysis*, 27（1）, 46 - 68.

[11] Invernizzi, D. C., Locatelli, G., Brookes, N., & Davis, A.（2020）. Qualitative comparative analysis as a method for project studies: The case of energy infrastructure. *Renewable and Sustainable Energy Reviews*, *133*, 110314.

[12] Kim, T. Y., Liu, Z., &Diefendorff, J. M.（2015）. Leader-member exchange and job performance: The effects of taking charge and organizational tenure. *Journal of Organizational Behavior*, *36*（2）, 216 - 231.

[13] Kossek, E. E., a Noe, R., & DeMarr, B. J.（1999）. Work-family role synthesis: Individual and organizational determinants. *International Journal of Conflict Management*, *10*（2）, 102.

[14] Lewin, K.（1946）. Action research and minority problems. *Journal of social issues*, *2*（4）, 34 - 46.

[15] Mohe, M.（2008）. Bridging the cultural gap in management consulting research. *International Journal of Cross Cultural Management*, *8*（1）, 41 - 57.

[16] Moons, K. G. M., &Grobbee, D. E.（2002）. Diagnostic studies as multivariable, prediction research. *Journal of Epidemiology & Community Health*, 56（5）, 337 - 338.

[17] Naglieri, J. A., Drasgow, F., Schmit, M., Handler, L., Prifitera, A., Margolis, A., & Velasquez, R.

(2004). Psychological testing on the Internet: new problems, old issues. *American Psychologist*, 59 (3), 150.

[18] Pfeffer, J., & Sutton, R. I. (2006). Evidence-based management. *Harvard Business Review*, 84 (1), 62.

[19] Piwowar-Sulej, K. (2020). Human resources development as an element of sustainable HRM-with the focus on production engineers. *Journal of Cleaner Production*, 278, 124008.

[20] Randolph-Seng B. (2008). On becoming a theorist in psychology. *Association for Psychological Science Bulletin*, 21 (8), 39–40.

[21] Thau, S., Pitesa, M., & Pillutla, M. (2014). Experiments in organizational behavior. In Laboratory experiments in the social sciences. *Academic Press*, 433–447.

[22] Thompson, J. R., Wiek, A., Swanson, F. J., Carpenter, S. R., Fresco, N., Hollingsworth, T., ...& Foster, D. R. (2012). Scenario studies as a synthetic and integrative research activity for long-term ecological research. *BioScience*, 62 (4), 367–376.

[23] Tsang, E. W. (1997). Organizational learning and the learning organization: a dichotomy between descriptive and prescriptive research. *Human relations*, 50 (1), 73–89.

[24] Worley, C. G., &Feyerherm, A. E. (2003). Reflections on the future of organization development. *The Journal of Applied Behavioral Science*, 39 (1), 97–115.

第二章　组织中的个体差异

2.1　组织中的多元化

- **多元化**（Diversity）

指群体成员之间相似或者相差的程度。

◇表层多元化（Surface-level diversity）

指能够从人们身上直观观察到的差异，比如种族、民族、年龄、身体能力、性别、高矮胖瘦、教育状态、收入状态和婚姻状态等。

◇深层多元化（Deep-level diversity）

指人们呈现出某种重要的内在特征（如人格和价值观）的异同。

- **多元化管理**（Diversity management）

多元化管理使每个人对他人的

差异和需求都更有意识、更敏感。它关注的重点是，具有不同文化背景和不同需要的人，是否得到了符合他们能力的工作机会。

- **人口统计学特征**（Demographic characteristics）

也叫传记特征（Biographical characteristics），指可以从员工的人事档案中直接获得的信息，比如年龄、性别、婚姻状况、抚养人数、教育背景、工作经历、政治面貌、籍贯、经济条件等。

- **类婚姻同居者**（Domestic partners）

指越来越多的同性恋员工、与异性同居的员工，他们要求公司为他们的另一半提供与传统已婚夫妇同样的权利和福利。

2.2　能力

- **能力**（Ability）

  指个体成功完成工作中各项任务的可能性。一个人的总体能力可以分为智力能力和体质能力两大类。能力是直接影响活动效率并使活动顺利完成的个性心理特征。

- **能力倾向**（Aptitude）

  指个体潜在的优势能力领域或能力组合特点，是一般能力中的相对独立的能力因素。也就是说，能力倾向是指一个人能学会做什么，以及一个人获得新的知识和技能的潜力如何，而不是当时就已经具备的现实条件。

- **智力能力**（Intellectual abilities）

  指从事那些如思考、推理和解决问题等智力活动所需要的能力。

- **数字能力**（Digital ability）

  指能够快速对数字进行算数运算的能力。

- **心理能力**（Intellectual ability）

  指从事需要思考、推理和解决问题等心理活动所需要的能力。智力是心理能力的核心。

- **因果感应**（Causality induction）

  指形成和验证假设、发现相互关系的能力。

- **语言理解**（Language understanding）

  指理解读到的和听到的内容，理解词汇之间关系的能力。

- **知觉速度**（Perceptual speed）

  指迅速而准确地辨认视觉上异同的能力。

- **记忆广度**（Memory span）

  指在呈现一系列项目后立即正确地回忆出这一系列项目的能力。

- **联想记忆**（Associative memory）

  指记住并能够回忆不相关材料的能力。

- **逻辑推理**（Logical reasoning）

  指根据已知条件推导出结果的能力。

- **体质能力**（Physical abilities）

  指从事某项工作所需具备的

身体方面的能力，包括动态力量、躯干力量、静态力量、爆发力、广度灵活性、动态灵活性、躯体协调性、平衡性、耐力9项基本能力。

◇动态力量（Dynamic force）

指不断重复或持续运用肌肉力量的能力。

◇躯干力量（Body force）

指运用躯干肌肉（尤其是腹部肌肉）以达到一定肌肉强度的能力。

◇静态力量（Static force）

指产生力量阻止外部物体的能力。

◇爆发力（Explosive force）

指在一项或一系列爆发活动中产生最大能量的能力。

◇广度灵活性（Extent flexibility）

指尽可能远地移动躯干和背部肌肉的能力。

◇动态灵活性（Dynamic flexibility）

指进行快速、重复的关节活动的能力。

◇躯体协调性（Body coordination）

指躯体不同部分进行同时活动时相互协调的能力。

◇平衡性（Balance）

指受到外力推拉时，保持身体平衡的能力。平衡性既是人与生俱来的，也可以通过后天的训练而培养出来。

◇耐力（Endurance）

指需要延长出力时间时，持续保持最高出力水平的能力。具体地讲，耐力是衡量某人长期地做某事或某动作所能坚持多久的一个指标，一般包括身体素质和意志两个方面。

● 智商（Intelligence quotient）

指从一组旨在评估人类智力的标准化测试或子测试中得出的总分。

● 情商（Emotional quotient）

能够监视自己和他人的情绪，区分不同的情绪并适当地标记它们，并使用情绪信息来指导思想和行为的能力。

2.3 价值观

● 价值观（Values）

指一系列基本信念的总和，是个人或社会对某种特定的行为方式或存在的终极态度所持有的持久信念，它是人们判断好与坏、对与错的基本信念。

- **价值系统**（Value system）

　　指按照价值观强度为价值观排列时所得到的系统。

- **格雷夫斯的价值观分类**

　　行为科学家格雷夫斯为了对错综复杂的价值观进行归类，曾对企业组织内各式人物做了大量调查，最后概括出以下七个等级。

◇社交中心型（Social center type）

　　指重视集体的和谐，喜欢友好、平等的人际关系，认为人与人之间的友爱和睦比超越别人更重要，认为善于与人相处和被人喜爱重于自己的发展的价值观类型。

◇坚持己见型（Adhere to self-view pattern）

　　指一种特定的价值观类型，具有这种价值观的人难以接受模棱两可的意见，不能容忍与自己意见不同的人，强烈地希望别人接受自己的价值观。

◇自我中心型（Egocentric type）

　　指个性粗犷、精力充沛的人具有的价值观类型，这种人为了取得自己所希望的报酬，愿意做任何工作，愿意尊敬严格要求的上级领导，信仰冷酷的个人主义，自私而富有攻击性。

◇反应型（Reactive type）

　　指一种特定的价值观类型，具有这种价值观的人并没有意识到自己和周围的人是作为人类而存在的，他们只是对自己基本的生理需求做出反应，而不考虑其他条件，类似于婴儿或神经损伤的人。

◇存在主义型（Existentialism）

　　指一种特定的价值观类型，具有这种价值观的人极其重视富有挑战性的工作和学习成长的机会，喜欢自由、灵活地完成有创造性的任务，金钱和晋升对他们来说是次要的，自我实现是最重要的，他们能容忍不同观点的人和模糊不清的意见，对僵化的制度、滥用职权、空挂职位等能直言不讳。

◇玩弄权术型（Manipulative type）

　　指一种特定的价值观类型，具有这种价值观的人喜欢通过操纵他人或事物以达到个人目的。他们重视现实，世故，好活动，有目标，喜欢用诡异的手法取得成就和进展，乐于追随和奉承那些有前途和对自己重要的上级。

◇部落型（Tribal type）

　　指一种特定的价值观类型，具

有这种价值观的人极易受传统及权威人物影响，具有较强的依赖性，服从习惯和权威，循规蹈矩、按部就班，喜欢友好而专制的监督和家庭似的和睦群体。

- **奥尔波特的价值观分类**

美国学者奥尔波特将价值观分为 6 种类型，即经济型、理论型、审美型、社会型、政治型、宗教型。

◇经济型价值观（Economic values）

指以有效实惠为中心，强调功利性和实务性，追求经济利益的价值观。

◇理论型价值观（Rational values）

指以知识和真理为中心，强调通过理性批判的方式发现真理的价值观。

◇审美型价值观（Aesthetic values）

指以形式、和谐为中心，强调对美和审美的追求的价值观。

◇社会型价值观（Social values）

指以群体中的他人为中心，强调人与人之间的友好、博爱的价值观。

◇政治型价值观（Political values）

指以权力和地位为中心，强调权力的获取和影响力的价值观。

◇宗教型价值观（Religious values）

指以信仰教义为中心，强调经验的一致性以及对宇宙和自身的了解的价值观。

- **罗克奇价值观调查**（Rokeach Value Survey）

罗克奇价值观调查的问卷包括两种价值观类型，即终极价值观和工具价值观。

◇终极价值观（Terminal values）

指人们有关最终想要达到目标的信念，比如幸福、自由、爱、自尊等。

◇工具价值观（Instrumental values）

指个体对道德和能力上可取性的判断，反映其行为方式的偏好，指的是更可取的行为模式，或者为实现终极价值而采取的手段，如欢乐、独立、宽容等。

- **企业价值观**（Corporate values）

指企业决策者对企业性质、目标、经营方式的取向作出的选择，是员工所接受的共同观念，是长期沉淀的产物。

- **核心价值观**（Core values）

指企业在经营过程中坚持不懈，

努力使全体员工必须信奉的信条。

- **社区价值观**（Community values）

指试图帮助自己群体之外的其他人的价值观。与"权力"和"成就"等价值观相反。

- **职业价值观**（professional values）

指从业人员和专业团体喜欢的行动标准。

- **戈德索普提出的工作导向**

根据从工作情境、组织参与、与同事的配合、组织之外的生活等方面收集到的信息，戈德索普等提出了三种主要的工作导向：工具导向、官僚导向和社会导向。

◇**工具导向**（Instrumental orientation）

指个体不会将工作看成生活的中心，而是把工作看作达到某种目的的手段。他们在工作中精于计算，对与工作相关和无关的活动有着清晰的区分。

◇**官僚导向**（Bureaucratic orientation）

指个体将工作看成生活的中心，他们对工作具有责任感并积极参与以实现职业发展，其与工作相关和无关的活动之间紧密联系。

◇**社会导向**（Social orientation）

指个体根据群体活动定义工作情境。相比于参与组织中的工作，他们更关注在工作团队中的自我参与感。工作不仅仅是达到某个目的的一种手段，与工作无关的活动也在工作关系中相互关联。

- **责任导向**（Duty orientation）

指一种个人的意志取向，这种人能够忠诚地服务和支持群体中其他成员，为完成群体的任务和使命而努力甚至做出牺牲，并遵守群体的准则和原则。

- **伦理**（Ethics）

指用来判断行为正误或者结果好坏的道德标准。

- **伦理敏感性**（Ethical sensitivity）

指影响人们认识到伦理问题的存在并判断该问题重要性的个人特征。

- **道德强度**（Moral intensity）

指处理一个伦理问题时需要应用伦理准则的程度。

- **道德困境和道德抉择**（Ethical dilemmas and ethical choices）

指人们需要对哪些是正确的行

为、哪些是错误的行为进行界定。

- **道德认同**（Moral identity）

指个体对社会道德体系中诸多规范的认可程度和接受程度。

- **道德合理化**（Moral rationalization）

指个体为了更好地满足对自我的积极期望而改变对自己不道德行为的认知的过程。

- **道德自我**（Moral self）

指一个自我定义道德属性的复杂系统，包括道德信仰、取向、性格，以及认知和情感能力，这些能力集中于对道德行为的调控。

- **道德自我意识**（Moral self-regard）

指人们相信他们拥有积极的道德品质的程度。

2.4 人格

- **人格**（Personality）

指一种包含先天禀性（遗传和心理及生理上的传承）、后天教养（环境和发展的熏陶）、性情特质、人对情境的知觉等交互作用的自我概念。

- **人格倾向**（Personality dispositions）

指个体对环境做出反应的一致性，包括情感、认知、态度、期望和幻想等。

- **人格特质**（Personality traits）

指一种能使人的行为倾向表现出持久性、稳定性、一致性的心理结构，是人格构成的基本因素，包括害羞、进取、顺从、懒惰、忠诚、胆小等。

- **特质**（Traits）

指区别于他人的、持久稳定的行为模式，是一个连续的维度。

- **趋避框架**（Approach-avoidance framework）

指将人格特质视为激励结果的理论模型，趋近和规避的激励代表着我们对刺激的反应，趋近激励指的是积极刺激对我们产生吸引力，而规避激励指的是我们对负面刺激的躲避。

- **特质激活理论**（Trait activation theory）

指一些情境、事件或者干涉行为都能特别"激发"某些特定特质的相关理论。

- **大五人格模型**（The big five model）

指一种整体人格结构模型，包括五项最核心、最稳定的人格特质，称为"大五"，即尽责性、开放性、神经质、外倾性、宜人性。

◇尽责性（Conscientiousness）

指克制和严谨，与成就动机和组织计划有关，也称其为"成就意志"或"工作"维度。

◇开放性（Openness）

指对经验持开放、探求态度，而不仅仅是一种人际意义上的开放。

◇神经质（Neuroticism）

指经常表现为忧伤、情绪容易波动、焦虑、敌对、压抑、自我意识、冲动、脆弱等情绪的特质。

◇外倾性（Extraversion）

指经常表现出热情、自信、有活力、具有幸福感、善于社交等特质。

◇宜人性（Agreeableness）

指利他、友好、富有爱心等特质。

- **AB 型人格**

指一种人格特质类型的划分，主要包括两类：A 型人格和 B 型人格。

◇A 型人格（Type A personality）

A 型人格者愿意从事高强度的竞争活动，长期具有时间紧迫感，总是不断驱使自己在最短的时间里做最多的事情，并对阻碍自己努力的其他人或事进行攻击。

◇B 型人格（Type B personality）

B 型人格者很少因为要从事不断增多的工作或要无休止地提高工作效率而感到焦虑，比较松散。

- **奥尔波特的人格特质论**

奥尔波特认为个人所具有的个人特质对其人格产生不同的影响和作用。他进而把个人特质按其对人格不同的影响和作用，分为三个重叠交叉的层次，包括首要特质、次要特质和中心特质。

◇首要特质（Cardinal trait）

指个人最重要的特质，代表整个人格，往往只有一个，在人格结构中处于支配地位，影响一个人的全部行为。

◇次要特质（Secondary trait）

指个人无足轻重的特质，只在

特定场合下出现，它不是人格的决定性因素，不是经常地、一贯地表现出的人格特质。

◇ 中心特质（Central trait）

指代表个体人格的一些主要特质，中心特质虽不像首要特质那样对行为起支配作用，但也是行为的决定性因素。

- **控制点**（Locus of control）

指介于控制命运方面的外控型信仰和内控型信仰之间的倾向。

◇ 内控型（Internal type）

指相信自己能够掌控命运的一种人格。

◇ 外控型（External type）

指相信自己的生活受到外部力量控制的一种人格。

- **气质类型**

气质类型是对人的气质所进行的典型分类，主要包括四种类型：黏液质、胆汁质、多血质和抑郁质。

◇ 黏液质（Phlegmatic temperament）

指一种特定的气质类型，该气质的人感受性低而耐受性高，不随意的反应性和情绪兴奋性均低；内倾性明显，外部表现少；反应速度慢，具有稳定性。

◇ 胆汁质（Bilious temperament）

指一种特定的气质类型，该气质的人感受性低而耐受性高，不随意的反应性高，反应的不随意性占优势，外部表现多；反应速度快，具有不稳定性。

◇ 多血质（Sanguineous temperament）

指一种特定的气质类型，该气质的人情绪兴奋性高，思维言语动作敏捷，心境变化快但强度不大，稳定性差；活泼好动，富于生气，灵活性强；乐观亲切，善交往，举止浮躁轻率，缺乏耐力和毅力；不随意反应性强，具有可塑性，外倾型明显。

◇ 抑郁质（Melancholic temperament）

指一种特定的气质类型，该气质的人感受性高而耐受性低，不随意的反应性低；严重内倾；情绪兴奋性低而体验深，反应速度慢；具有刻板性，不灵活。

- **迈尔斯－布里格斯类型指标**（Myers-Briggs type indicator，MBTI）

指一种使用最广泛的人格框架，这种人格测验包括 100 道题，是一种性格测试工具，用以衡量和描述人们在获取信息、作出决策、对待生活等方面的心理活动规律和性格类型。

◇情感人格（Emotional personality）

指一种主观综合的人格，用个人化的、价值导向的方式决策，并且考虑他人的影响，倾向于和谐、宽容，通常不按照逻辑思考，喜欢工作场景中的情感，经常会从赞美中得到享受，也希望得到他人的赞美。

◇感觉人格（Sensory personality）

指通过五官感受世界的人格，注重真实的存在，用已经有的技能解决问题，喜具体明确，重细节（少全面性），脚踏实地，能忍耐，小心，可做重复工作（不喜新），不喜展望。

◇思考人格（Thinking personality）

指通过分析，用逻辑客观方式决策的一种人格，通常坚信自己正确，不受他人影响，清晰，正义，不喜调和，具有批判意识和鉴别力，工作中少表现出情感，不喜欢他人感情用事。

◇判断人格（Judging personality）

指一种封闭定向的人格，通常具有结构化和组织化、时间导向、决断、事情都有正误之分、喜命令、控制、反应迅速、喜欢完成任务、不善适应等特点。

◇感知人格（Perceptual personality）

指一种开放定向的人格，通常具有弹性化和自发化、好奇、喜欢收集新信息而不是做结论、喜欢观望、喜欢开始许多新的项目但不完成、优柔寡断、易分散注意力等特点。

◇内向人格（Introverted personality）

指一种能从时间中获得能量的人格，通常具有喜静、冥想（离群、与外界相互误解）、谨慎、不露表情、社会行为的反射性（会失去机会）、独立、负责、细致、周到、不蛮干（不怕长时间做事）、勤奋等特点。

◇外向人格（Extroverted personality）

指一种能从人际交往中获得能量的人格，通常具有喜欢外出、表情丰富、外露、喜欢交互作用、合群、喜行动、多样性（不能长期坚持）、不怕打扰、喜自由沟通、易冲动、易后悔、易受他人影响等特点。

◇直觉人格（Intuitive personality）

指通过第六感官洞察世界的人格，通常具有比较笼统、喜学新技能、不重准确、喜抽象和理论、重可能性、讨厌细节、好高骛远、喜欢新问题、凭爱好做事、对事情的态度易变、提新见解、匆促作出结论等特点。

- **霍兰德人格类型**

霍兰德指出员工的满意度和流动意向，取决于个体的人格特点与职业环境的匹配程度，包括六种类型的人格：艺术人格、企业人格、传统人格、研究人格、社会人格和现实人格。

◇艺术人格（Artistic personality）

指偏好那些需要创造性表达的模糊且杂乱无章、没有规则可循的活动，其特点是富于想象力、无序、杂乱、理想化、情绪化、不实际，擅长的职业是画家、音乐家、作家、室内装饰家。

◇企业人格（Enterprising personality）

指偏好那些能够影响他人并获得权力的言语和活动，其特点是自信、进取、精力充沛、盛气凌人，擅长的职业是法官、房地产经纪人、公共关系专家、企业主。

◇传统人格（Conventional personality）

指偏好规范、有序、清楚明确的活动，其特点是顺从、高效、实际、缺乏想象力、缺乏灵活性，擅长的职业是会计、业务经理、银行出纳员、档案管理员。

◇研究人格（Investigative personality）

指偏好需要思考、组织和理解的活动，其特点是分析、创造、好奇、独立，擅长的职业是生物学家、经济学家、数学家、新闻记者。

◇社会人格（Social personality）

指偏好能够帮助和提高别人的活动，其特点是社会化、友好、合作、理解，擅长的职业是社会工作者、教师、议员、临床心理学家。

◇现实人格（Realistic personality）

指偏好需要技能、力量、协调性的体力活动，其人格特点是害羞、真诚、持久稳定、顺从、实际，擅长的职业是机械师、钻井操作工、装配线工人、农场主。

- **独立型自我**（Independent-self）

指个体强调自我与他人的不同，突出自己杰出的一面。

- **关联型自我**（Interdependent-self）

指个体强调自我与他人的关

联，聚焦于自我与他人的共同点，以此来维持自己与他人的关系。

- **自尊**（Self-esteem）

指个人基于自我评价形成的一种自重、自爱和自我尊重，并且认为自己在经历中有能力对付生活的基本挑战，并有资格享受幸福。

- **马基雅维利主义**（Machiavellianism）

指个体主张为达目的可以不择手段，高马基雅维利主义的个体重视实效，保持着情感的距离，相信结果能替手段辩护；低马基雅维利主义者易受他人意见影响，阐述事实时缺乏说服力。

- **自我监控**（Self-monitoring）

指个体根据外部情境因素调整自己行为的能力。

- **冒险性**（Adventure preference）

指个体趋近或回避风险的倾向性。

- **核心自我价值**（Core self-evaluations）

指个体不仅爱自己，也将自己视为工作效率高、能力强并且能够掌控环境的人。

- **主动性人格**（Proactive personality）

指能够识别机遇、展示出主动性、采取行动并且一直坚持努力，直到实现的倾向性。

- **自恋**（Narcissism）

指自我重视感极高、需要他人大量赞美、认为自己拥有特殊地位和权力的自傲性人格。

- **心理变态**（Psychopathy）

指不顾他人感受，当自己的行为对他人造成伤害时，他们毫无愧疚。

- **约翰·霍兰德人格–工作适应性理论**（John Holland personality-job fit theory）

指美国心理学家霍兰德提出的一种职业人格理论，该理论指出员工对工作的满意度和流动倾向性，取决于个体的人格特点与职业环境的匹配程度。

- **个人–职务匹配**（Person-job fit）

指个体的能力、贡献与组织提供的职位及能力要求之间的匹配程度。

- **人格 - 工作匹配理论**（Personality-job fit theory）

指一种人格与工作匹配程度的理论，其指出员工对工作的满意度和离职意向，取决于个体的人格特点与职业环境的匹配程度。

引用文献

书籍：

[1] 陈春花，杨忠，曹洲涛．（2016）．组织行为学（第3版）．机械工业出版社．

[2] 胡立君，唐春勇．（2010）．组织行为学．武汉理工大学出版社．

[3] 胡君辰、吴小云．（2014）．组织行为学（第2版）．中国人民大学出版社．

[4] 李爱梅，凌文辁．（2015）．组织行为学（第2版）．机械工业出版社．

[5] 劳里·马林斯，吉尔·克里斯蒂．（2015）．组织行为学精要（第3版）．清华大学出版社．

[6] 麦克沙恩，汤超颖．（2015）．组织行为学（第2版）．中国人民大学出版社．

[7] 斯蒂芬·罗宾斯，蒂莫西·贾奇．（2016）．组织行为学（第14版）．中国人民大学出版社．

[8] 斯蒂芬·罗宾斯，蒂莫西·贾奇．（2016）．组织行为学（第16版）．中国人民大学出版社．

[9] 斯蒂芬·罗宾，蒂莫西·贾奇．（2017）．组织行为学精要．机械工业出版社．

[10] 张德，陈国权．（2011）．组织行为学（第2版）．清华大学出版社．

[11] 詹姆斯·坎贝尔·奎克，戴布拉·尼尔森．（2013）．组织行为学：现实与挑战（第7版）．清华大学出版社．

期刊文献：

[1] 陈增祥，杨光玉．（2017）．哪种品牌拟人化形象更受偏爱——归属需要的调节效应及边界．南开管理评论，20（03），135 - 143．

[2] 彭坚，王霄，冉雅璇，韩雪亮．（2016）．积极追随特质一定能提升工作产出吗——仁慈领导的激活作用．南开管理评论，19（4），135 - 148．

[3] Braaten, E. B., & Norman, D. （2006）. Intelligence（IQ）testing. *Pediatrics in Review*, 27（11）, 403.

[4] Brown, S. S., Lindell, D. F., Dolansky, M. A., & Garber, J. S.. （2015）. Nurses \\ "professional values and attitudes toward collaboration with physicians. *Nursing Ethics*, 22（2）, 205 - 216.

[5] Hannah, S. T., Jennings, P. L., Bluhm, D., Peng, A. C., & Schaubroeck, J. M.. （2014）. Duty orienta-

tion: theoretical development and preliminary construct testing. *Organizational Behavior and Human Decision Processes*, 123（2）, 220 – 238.

[6] Janssen, O.. （2016）. Reaching the top and avoiding the bottom: how ranking motivates unethical intentions and behavior. *Organizational Behavior & Human Decision Processes*, 137, 142 – 155.

[7] Jennings, P. L. , Mitchell, M. S. , & Hannah, S. T. （2014）. The moral self: a review and integration of the literature. *Journal of Organizational Behavior*, 36（S1）, S104 – S168

[8] Kennedy, J. A. , Kray, L. J. , & Ku, G.. （2017）. A social-cognitive approach to understanding gender differences in negotiator ethics: the role of moral identity. *Organizational Behavior and Human Decision Processes*, 138, 28 – 44.

[9] Salovey, P. , & Grewal, D. （2005）. The science of emotional intelligence. *Current Directions in Psychological Science*, *14*（6）, 281 – 285.

[10] Schaumberg, R. L. , & Wiltermuth, S. S.. （2014）. Desire for a positive moral self-regard exacerbates escalation of commitment to initiatives with prosocial aims. *Organizational Behavior and Human Decision Processes*, 123（2）, 110 – 123.

[11] Whillans, A. V. , & Dunn, E. W.. （2015）. Thinking about time as money decreases environmental behavior. *Organizational Behavior and Human Decision Processes*, 127, 44 – 52.

第三章　个体行为的基础

3.1　知觉

- **知觉**（Perception）

　　指人脑对直接作用于感觉器官的客观事物的各个部分和属性的整体反映，是人对感觉信息组织和解释的过程。

　　◇ *知觉的选择性*（Perceptual selectivity）

　　指个体根据自己的需要与兴趣，有选择地把某一事物作为知觉对象，而把其他事物作为知觉对象的背景。

　　◇ *知觉的整体性*（Perceptual wholeness）

　　指个体根据自己的知识经验把直接作用于感官的客观事物的多种属性整合为统一整体。

　　◇ *知觉的理解性*（Perceptual understandability）

　　指个体在感知事物时，根据过去的知识、经验进行解释、判断，把其归入一定的事物系统中，从而能够更深刻地感知它。

　　◇ *知觉的恒常性*（Perceptual constancy）

　　指当知觉的条件在一定范围内发生改变时，知觉的映像仍然保持相对不变。

- **知觉定式**（Perceptual formula）

　　指内部因素如人格、学习和动机将产生感知某种刺激并准备以某种方式进行反应的倾向性，是人对某一特定知觉活动表现出的准备性心理倾向。

- **社会知觉**（Social perception）

　　指个体在社会环境中对他人的

心理状态、行为动机和意向（社会特征和社会现象）的感知和认识过程。

◇自我知觉（Self-perception）

指一个人通过对自己行为的观察而对自己心理状态的自我感知，是自己对自己的看法。

◇人际知觉（Interpersonal perception）

指人与人之间关系的知觉，包括对人的外部特征、个性特点的了解，对他人行为的判断和理解。

- **自我知觉理论**（Self-perception theory）

指在因缺乏对某事物的相关先前经验而无先前相关态度时，通过观察自己的反应行为并以此推论引起该行为的态度来发展其相关态度。

- **群体规范**（Group norm）

指人们共同遵守的行为方式的总和。广义的群体规范包括社会制度、法律、纪律、道德、风俗和信仰等，都是一个社会里多数成员共有的行为模式，不遵循规范就要受到谴责或惩罚。

◇描述性规范（Descriptive norms）

指当个体对他人遵循同一规则的经验性期望得到满足时个体所遵循的行为规则。

◇命令性规范（Injunctive norms）

社会群体中广泛认同的关于一般人或群体成员在各种情况下应如何行为的信念或期望。

- **社会知觉偏差**（Social pereception bias）

指在认识他人、形成有关他人的印象的过程中，由于知觉主体与知觉客体及环境因素的作用，社会知觉往往会发生这样或那样的偏差。

- **认知**（Cognition）

指人们对事物的认识过程，主要包括感知、注意、记忆、表象、思维、言语和智力。

- **内隐社会认知**（Implicit social cognition）

指在社会认知过程中，个体在没有意识到或控制的情况下发生的认知过程，是一种深层次、复杂的社会认知活动。

- **认知灵活性**（Cognitive flexibility）

指根据情境的变化转换到不同

的思维或活动的能力。

- **感觉**（Feeling）

    指直接作用于人们器官的客观事物的个别属性或个别部分在人脑中的反映。

- **周围神经系统**（Peripheral nervous system）

    指除脑和脊髓以外的神经构成的系统，其功能是感觉和知觉。

- **感知多样性**（Perceived diversity）

    个人对他人的不同看法是建立在暴露于他人容易察觉的特质的基础上的。

- **注意**（Attention）

    指心理活动对一定对象的指向和集中，是伴随着感觉、知觉、记忆、思维、想象等心理过程的一种共同的心理特征。

    ◇**有意注意**（Intentional attention）

    指一种自觉的、有预定目的、经过意志努力而产生并保持的注意。

    ◇**无意注意**（Unconscious attention）

    指一种不自觉的、没有预定目的的、不需要意志努力而对某些事物产生的注意。

- **注意广度**（Attention span）

    指个体在同一时间内能清楚地觉察和认知的特点的数量。

- **注意的稳定性**（Stability of attention）

    指个体在较长时间内把注意保持在某一事物上的一种品质。

- **注意的分配**（Distribution of attention）

    指个体在同时进行两种以上的活动时，能把注意指向不同的对象。

- **注意的转移**（Displace of attention）

    指个体根据目的主动地把注意从一个对象转向另一个对象。

- **记忆**（Memory）

    指人脑对过去经验的反映，包括识记、保持、再认或再现三个基本过程。

    ◇**瞬时记忆**（Instantaneous memory）

    指持续时间仅约一秒钟的记忆。

◇短时记忆（Short-term memory）

指保持时间在一分钟以内的记忆。

◇长时记忆（Long-term memory）

指保持时间长达多年，甚至终生的一种记忆。

◇形象记忆（Visual memory）

指一种以感知过的事物形象为内容的记忆。

◇逻辑记忆（Logic memory）

指一种以字、词、概念、符号、公式及它们之间关系为内容的记忆。

◇情绪记忆（Emotional memory）

指以个体体验过的情绪或情感为内容的记忆。

◇运动记忆（Movement emory）

指以个体做过的运动状态或动作形象为内容的记忆。

● **表象**（Idea）

指客观对象不在主体面前呈现时，在观念中所保持的客体形象在观念中复现的过程。

◇记忆表象（Memorial idea）

指保存在人脑中的曾感知过的客观事物的形象，过去感知过的事物不在面前时又在人脑中再现出来的形象。

◇创造表象（Creative idea）

指个体以已有的知识、经验为基础，在人脑中经过加工改造，形成新事物的形象。

● **思维**（Thinking）

指人脑对客观事物概括的、间接的反映。以感知为基础、以记忆为中介的一种高级的认知过程。

● **概念**（Concept）

指人脑对同一类事物的属性或特征的抽象的、概括的反映。

◇概念的外延（Extension of concept）

指具有该概念所反映的本质属性的一切事物。

◇概念的内涵（Connotation of concept）

指概念所反映的事物的本质属性的总和。

● **智力**（Intelligence）

指个体认识、理解客观事物并运用知识、经验等解决问题的能力。

◇算术（Arithmetic）

指快速而准确的运算能力。

◇语言理解（Language understanding）

指理解读到和听到的内容，理解词汇之间关系的能力。

◇知觉速度（Perceptual speed）

指迅速而准确地辨认视觉上异同的能力。

◇归纳推理（Inductive reasoning）

指确定一个问题的逻辑后果，以及解决这一问题的能力。

◇演绎推理（Deductive reasoning）

指运用逻辑来评估某种观点的价值的能力。

◇空间视知觉（Spatial visual perception）

指当物体的空间位置变化时，能想象出物体形状的能力。

◇记忆力（Memory）

指保持和回忆过去经历的能力。

- **智力测验**（Intellective assessment）

指通过个体的认知活动来了解其智力水平的一种心理科学方法。

- **格式塔心理学**（Gestalt psychology）

西方现代心理学的主要学派之一，诞生于德国，后来在美国得到进一步发展。该学派既反对美国构造主义心理学的元素主义，也反对行为主义心理学的刺激—反应公式，主张研究直接经验（即意识）和行为，强调经验和行为的整体性，认为整体不等于并且大于部分之和，主张以整体的动力结构观来研究心理现象。

- **折扣原则**（Discounting principle）

指一些情境能提供强烈的暗示，让人们知道在这样的情境中做出什么样的行为才合适。在这些情境中，我们假设个体的行为能由情境来说明，即使这并不代表他本人的意向。

- **参照框架**（Frame of reference）

指一套控制感知性认识、逻辑评价或社会行为的标准、信仰或假设。

- **错觉**（Illusion）

指对在不同条件下观察到的物体或事件的感知之间的差异。

- **年龄偏见**（Age bias）

指对年老者持有成见和产生歧视的系统过程。

◇接触假说（Contact hypothesis）

指工作场所年龄多元化的加剧增加不同年龄员工接触和熟悉的机会，有助于减少年龄偏见的假说。

- 第一印象偏差（First-impression error）

指我们在与他人第一次相遇时观察到的一些行为，并且断定这些行为反映了他们的本来面目，以后即使得到相矛盾的信息，也难以一下子改变最初形成的印象。

- 首因效应（Primacy effect）

指人们在对他人总体印象的形成过程中，最初获得的信息比后来获得信息影响更大的现象。

- 选择性知觉（Selective perception）

指人们选择那些与自己的个性、定性的知觉及心理预期相同或相似的东西，而本能地忽略或歪曲那些使他们觉得不舒服或威胁到他们观点的信息。

- 近因效应（Recency effect）

指在总体印象形成的过程中，新近获得的信息比原来获得的信息影响更大的现象。

- 优先效应（Priority effect）

指一个人最先给人留下的印象具有强烈的影响。

- 投射效应（Projection effect）

指人们有这样一种强烈的倾向，总假设他人与自己是相同的。即人们在认知他人时，常常假定他人与自己有相同点的倾向，于是把自己的特点归属到他人身上，即所谓"推己及人"，这种现象心理学上称为投射效应。

- 对比效应（Contrast effect）

指通过将多个认知对象与参照点进行比较，产生认知和评价的偏差。

- 虚假同感效应（False-consensus effect）

指对他人的信仰和特质与自己的信仰和特质之间的相似程度的高估。

- 晕轮效应（Halo effect）

指人们在观察别人时，对这个人的某个方面、品质或特征有非常突出的知觉，起到了一种类似于晕轮的作用，从而影响了对这个人其他特征的知觉，造成以点概面、以偏概全的后果。

- 刻板印象（Stereotype effect）

指个人受社会影响而对某些人

或事物持稳定不变的看法。

● **刻板印象威胁**（Stereotype threat）

指一种"流动的、情境性的威胁"，它是由暗示一个人的身份群体在当前环境中可能不被重视的微妙线索引起的。

● **自证预言**（Self-fulfilling prophecy）

指信念会影响知觉双方的感觉和行动，从而使这种交往向着我们想要的方向发展，也称为皮格马利翁效应。

● **建构水平**（Construal level）

指人们对目标的认知表征（例如行动、情境、其他人）的关键描述。

● **公众自我意识**（Public self-awareness）

指个体意识到的公开展示的自我方面的状态。

● **个人控制感**（Sense of personal control）

指人们对自己在多大程度上能够预测、影响、改变和解释环境中发生事件的一种能力感知。

● **自我重叠**（Self-overlap）

指人们将各种自我方面视为相互关联的程度，以至于他们对自身的想法和感受在这些自我方面是相似的。

● **自我分类**（Self-categorization）

指认定自己是某一特定社会类别的成员。

● **自我意识**（Self-consciousness）

指对自己身心活动的觉察，即自己对自己的认识，具体包括认识自己的生理状况（如身高、体重、体态等）、心理特征（如兴趣、能力、气质、性格等）以及自己与他人的关系（如自己与周围人们相处的关系，自己在集体中的位置与作用等）。

● **自我概念**（Self-concept）

指当一个人想到自己时脑海中浮现的评价。

◇自我概念清晰度（Self-concept clarity）

指自我概念的结构成分，即自我信念被清晰、自信定义的程度、内部一致性程度和稳定性程度。

◇工作自我概念（The working self-concept）

指在任何一个时刻都处于活动状态的自我知识表征集。

● **自我概念维护理论**（Self-concept maintenance theory）

指个人希望在保持积极的自我概念的同时最大化在给定情况下可获得的益处。

● **自我一致性**（Self-consistency）

指个体外在的言语行为是其动机、目的和价值观的真实表现。即言行一致、表里如一，过去的我、现在的我和将来的我的连续性和稳定性。

● **自我建构**（Self-construal）

指个体主义文化中的人们，倾向于将自我看作与他人相分离的独立实体；而集体主义文化中的人们，倾向于将自我看作周围社会关系中的一部分。

● **自我控制**（Self-control）

指个人在追求长期目标时有意识地超越、修改或抑制立即期望行为的能力。

● **自我决定**（Self-determination）

指在充分认识个人需要和环境信息的基础上，个体对自己的行动做出自由的选择。

● **自我诊断**（Self-diagnosticity）

指人们将特定行为视为代表他们所处个人类型的程度。

● **自我反省**（Self-focused rumination）

指人们进行内省并试图了解其基本本性和本质的能力。

● **自我价值**（Self-worth）

指自我解释过程的结果，是一个人看待自己与他人关系的方式的解释。

● **自我管理**（Self-management）

指我们在多大程度上控制和改变我们的内在状态和资源，它包括控制冲动、表现出诚实和正直、保持有效执行并抓住机会的动力，甚至在失败后保持乐观。

● **组织心理安全**（Organizational psychological safety）

指个体对组织安全氛围的感

知，即员工在某一组织中是否知觉到组织的支持、组织明确的工作期望以及组织允许个体自我表达的安全氛围。

- **外部荣誉感知**（Perceived external prestige）

  指员工对外部人士如何看待其组织的看法。

3.2 归因

- **归因**（Attribution）

  指"原因归属"，是指将行为或事件的结果归属于某种原因，通俗地说就是寻求结果的原因。

- **归因理论**（Attribution theory）

  指通过改变人们的自我感觉、自我认知来改变和调整人的行为的理论，从最后目标来看，归因理论也是一种行为改造理论。

  ◇**区别性**（Distinctiveness）

  指个体在不同的情境下是否表现出不同的行为。

  ◇**一致性**（Consensus）

  指人们面对同一情境是否有相同的反应。

  ◇**一惯性**（Consistency）

  指个体的行为是否随着时间的变化而有所不同。

- **海德的二元归因论**（Cider's two element attribution theory）

  指人的外在行为表现背后的原因分为内因和外因两种。一般而言，内因是行为表现的根本原因，外因是行为表现的条件，外因要通过内因来起作用，内因则受外因影响和制约，二者共同决定人的行为。

  ◇**内因**（Internal cause）

  指内在原因，即个人所拥有的、直接引起其外在行为表现的品质或特征，包括个人的个性、情绪、动机、需要、能力、努力程度等。这些特点存在于个体中，通过外在行为表现出来。

  ◇**外因**（External cause）

  指外在原因，包括外界条件、情境特征和其他人的影响等。

- **凯利的三维归因理论**（Kelly's three dimensional attribution theory）

  凯利认为，人们对行为的归因总是涉及三个方面的因素：客观刺激物、行动者和所处的关系或情境。其中，行动者的因素是属于内部归因，客观刺激物和所处的关系或情境属于外部归因。

◇多线索归因（Multi clues attribution）

指能够在多次观察同类行为或事件的情况下的归因。

◇单线索归因（Single clue attribution）

指依据一次观察就做出的归因。

◇内部归因（Internal attribution）

指将自己的成功归于能力或者努力。

◇外部归因（External attribution）

指将自己的成功归因于任务的难易程度或者运气，即将自己的表现归因于不能控制的原因。

● **自我服务偏见**（Self-service bias）

也称为自利性偏差，指人们常常从好的方面来看待自己，把成功归因于自己的能力和努力，而将失败归因于机遇或任务本身的"不可能性"所造成的外部情境因素。它是一种主观主义的表现，也是一种归因偏见。

● **基本归因错误**（Fundamental attribution error）

也称为基本归因偏差，指人们在考察某些行为或后果的原因时高估倾向性因素、低估情景性因素的双重倾向。它是归因理论的一个现象，即人们在归因他人行为时往往忽视情境因素的影响，而高估个人内在特质如智力、能力、动机、态度或人格等的影响。

● **行为者 – 观察者效应**（Actor – observer effect）

指当观察者解释行为者行为时，会强调行为者自身的特质因素，而行为者在解释自己的行为时则会强调情境因素。

● **知觉防御**（Defensive perception）

指人们为了保护自己，较容易感知能满足自己需要的事物而造成的错觉。

● **不寻常结果原则**（The principle of unusual result）

当活动者的行为具有一些相当独特的或不寻常的结果时，知觉者可以作出相应推断，即将这种行为判断为与活动者的内在倾向相一致。一个人行为的结果越不寻常，越能够使他与别人区别开来，反映他的内在品质。

- **低于社会需求性原则**（Principle of less than social demand）

指社会总是需要人们按照某种模式去行动，因此一般总有很强的外在力量存在，迫使人们去做多数人同意和赞许的事情。

3.3 情绪

- **心情**（Moods）

指的是弱于情绪的一些感受，但没有明确起因，并由一个人正在经历的各种情绪组成的感觉状态。

- **情感**（Affection）

指包括人们体验到的各种感觉，其中包括情绪和心情。

◇积极的情感（Positive affect）

指包括兴奋、激情和狂喜等高度的积极情绪，以及无聊、压抑与疲劳等低度的积极情绪。

◇消极的情感（Negative affect）

指包括紧张、压力感、焦虑感等高度的消极情绪，以及满足、安静和平静等低度的消极情绪。

- **情感强度**（Intensity of affection）

指对于同一种情绪，人们体验到的不同的强度。

- **情感影响**（Emotional influence）

指通过领导者的影响隐含地唤起员工，进而影响员工的态度和行为。

- **情感真实性**（Emotional authenticity）

指一个人对自己的感情能够承认、表达。

- **情绪**（Emotion）

指人们对客观事物的反应，包括生理唤醒、感觉、认知、态度和行为。情绪的定义包含两个特征，一是情绪的产生总与外部客观事物的刺激联系在一起；二是情绪总与个体的主观反应联系在一起。

◇内感情绪（Felt emotions）

指个体的实际情绪，也称感知的情绪。

◇外显情绪（Displayed emotions）

指组织要求员工表现的并被视为符合特定工作的情绪，也称展示的情绪。

- **情绪强度**（Intensity of emotion）

指情绪反应幅度的变化。

- **情绪智力**（Emotional intelligence）

  指个体监控自己及他人的情绪和情感，并识别、利用这些信息指导自己的思想和行为的能力。

- **社会意识**（Social consciousness）

  指对其他人的情感、想法和情形敏感并理解。这包括认知他人的环境，即换位思考，也包括真实地感受他人的感情，即情绪同感。

- **情绪调节**（Emotional regulation）

  指个体对情绪发生、体验与表达施加影响的过程，具体来说就是个体对具有什么样的情绪、情绪什么时候发生、如何进行情绪体验与表达施加影响的过程。

  ◇表层扮演（Surface acting）

  指隐藏我们的内在情感，按照表达规则放弃情绪表达。

  ◇深层扮演（Deep acting）

  指按照表达规则调整内在的真实情感。

- **情绪劳动**（Emotional labor）

  指员工在工作过程中与人交往时表现出符合组织要求的情绪。

- **情绪失调**（Emotional disorder）

  指个体被要求的情绪与真实情绪之间的冲突。

- **情绪耗竭**（Emotional exhaustion）

  指一个人的情绪和身体资源被过度扩展和耗尽的感觉。

- **情绪损失**（Emotional losses）

  指他人有意或无意地造成的情绪痛苦（如恐惧、焦虑和悲伤）。

- **情绪管理**（Emotional management）

  指识别自己所感到的情绪，并试图将其改变。

- **情绪感染**（Emotional contagion）

  指从他人那里受到"感染"的情绪。一个人的情绪有意识或无意识地通过非语言渠道，转移到另一个人身上的一个动态过程。

- **情绪感染过程**（Emotional contagion processes）

  指通过自动的、毫不费力的、无意识的过程来快速进行的情绪传递，在这些过程中，参与者体验到一种感觉，并以非言语的方式表达出来。

- **情绪氛围**（Emotional atmosphere）

指个体工作活动中的重要情境因素，个体角色的实现及绩效的提升均离不开这种氛围情境。

- **情绪衰竭**（Emotional exhaustion）

指习惯性的身体疲惫和情感耗竭的状态，这种情绪失调感在工作场所中广泛存在，并且会导致员工工作绩效的降低。

- **工作情绪**（Work emotion）

指员工工作时的感受或情感状态。

- **工作激情**（Work passion）

指个体在认知和情感工作评价基础上的一种情感和持久的欲望状态，这种状态产生了工作意图和行为的一致性。

- **组织情绪能力**（Ability to organize emotions）

指一种感知、理解、监测、调整和利用组织情绪及在组织结构、惯例和流程中引导、体现其情绪的能力。

3.4 态度

- **意向**（Intention）

指个体对事物的行为准备状态和行为反应的倾向。

- **认知失调**（Cognitive dissonance）

指个体所感知到的两种或两种以上的态度之间存在不一致或者行为和态度之间存在不一致的现象。

- **认知失调理论**（Cognitive dissonance theory）

指一个人的态度和行为等的认知成分相互矛盾，从一个认知推断出另一个对立的认知时而产生的不舒适感、不愉快的情绪。认知失调理论认为：一般情况下，个体的态度与行为是相协调的，因此不需要改变态度与行为。假如两者出现了不一致，如做了与态度相违背的事，或没做想做的事，这时就产生了认知失调。

- **平衡理论**（Balance theory）

指不平衡的状态会导致紧张，并产生恢复平衡的力量。

● **一致性理论**（Consistency theory）

指个体对周围各种人和事物有相同或相异的态度，但这些态度之间，可以是互不相关、独立存在，但如果态度对象中的一方发出有关另一方的信息，两者以及有关两者的态度之间就有了关联。

● **ABC 模型**（Affect-behavior-cognitive model）

指感情（affect）、行为目的（behavior）以及认知（cognitive）构成了态度 ABC 模型。感情指个体对某些人或事的感觉；行为目的指个体针对某个目标和人，以特定方式行动的目的；认知反映一个人的知觉或信念。

● **内隐态度**（Implicit attitudes）

指当一个人注意到一个特定的态度对象时，他的脑海中会出现一种自动的评价反应。

● **乐观**（Optimism）

指一种伴随对社会或物质未来的期望而产生的情绪或态度，这些社会愿望能对他有利，使他开心。

3.5　压力

● **压力**（Stress）

指个体对超出正常水平的心理刺激和生理刺激的适应性反应。

● **时间压力**（Time pressure）

指员工觉得自己需要比平时更快的速度工作或没有足够的时间来完成工作任务的程度。

● **工作压力**（Working pressure）

指个人对工作环境中新生的或不良的因素做出的反应。

● **挑战性压力**（Challenging pressure）

指能够满足员工胜任力、成就感和发展需要的压力。

● **规范性压力**（Normative pressure）

指社会规范会产生共享观念或者共享的思维方式，由此会造成组织在专业知识的形成及推广中须逐渐接受这些社会规范的压力。

- **组织压力源**（Organizational stressors）

  指组织中可能导致压力的各种因素。

- **任务压力源**（Task stressors）

  指与工作任务相关的压力源。

- **人际压力源**（Interpersonal stressors）

  指与群体压力、领导风格、人格冲突有关的压力源。

- **应激反应**（Stress reaction）

  指一个人在面对任何需求时做出的一种准备战斗或逃跑的无意识行为。

- **工作沉迷**（Workaholism）

  指一种对工作上瘾的行为，它能造成工作压力。

- **参与性问题**（Participation problem）

  指伴随着旷工、怠工、罢工、停工，以及人员更新等产生的代价。

- **绩效损耗**（Performance decrement）

  指由产品质量不高或产量过小，以及计划外的设备停工检修和维修造成的损耗。

- **赔偿判定**（Judgment of compensation）

  指规定一方当事人（赔偿人）有义务向另一方当事人（被赔偿人）承担或赔偿某些法律责任或损失，但该义务一般要到案件结束时，即赔偿人已被判决承担损害赔偿，或已支付款项时才会产生。

- **人格坚韧性**（Personality hardiness）

  指包括投入（与疏离相对）、控制力（与无能为力相对）和挑战性（与威胁相对）在内的人格特性。

- **压力的转化性应对**（Transformational coping）

  指把一件事转变为主观压力较小的事情的方法。

- **压力的退避性应对**（Regressive coping）

  指应对压力性事件的一种不太健康的方式，它的特点是通过减少与环境的交互作用来消极地回避事件。

- **反依赖性**（Counterdependence）

指拒绝依附、拒绝个人需求和依赖的状态。

- **过度依赖性**（Overdependence）

过分依赖（尤指寻求帮助或支持）的状态或事实。

- **压力管理**（Stress management）

指旨在控制人的压力水平（尤其是慢性压力）的广泛技术和心理疗法。

- **预防性压力管理**（Preventive stress management）

指个人和组织应该共同负担起促进健康、预防忧虑和压力的责任。

◇压力的一级预防（Primary prevention）

指减少、修正或消除导致压力的需求或压力源。

◇压力的二级预防（Secondary prevention）

指改变个人或组织对需求或压力源的反应。

◇压力的三级预防（Tertiary prevention）

指治愈个人或组织的忧虑和紧张症状。

- **耶克斯－多德森定律**（Yerkes-Dodson law）

指压力对绩效的影响遵循倒 U 形规律的定律。压力在一个适宜的程度时会使工作绩效提高。当压力水平很低时，绩效水平也是非常低的。当压力水平逐渐提高时，绩效水平随着压力水平的提高而提高，但达到一定程度后会逐渐下降。只有让压力保持在一定的水平上，才能促进绩效的提高。

- **挑战－阻碍模型**（Challenge-obstruction model）

指根据压力源的性质将压力源分为阻碍性压力源和挑战性压力源的理论。阻碍性压力源是指那些过度的、包含不良限制的、妨碍个体达到目标的压力源，包括角色冲突、角色过载、工作不安全感等。挑战性压力源是指那些潜在的能够促进个人成长、帮助个体达成目标的压力源，包括工作负荷、时间压力、职责范围等。

◇阻碍性压力源（Hindrance stressors）

指在工作环境中对角色冲突、角色模糊、政治、繁文缛节和工作不安全等需求水平的感知。

◇挑战性压力源（Challenge stressors）

指个体认为能通过努力加以克服，对工作绩效和成长具有积极意义的压力源。

- **生理学压力症候**（Physiological symptoms）

指细胞或生物体稳态在遭遇或者是对抗重大压力后产生失调。

- **心理学压力症候**（Psychological symptoms）

指人的心理状态在遭遇或者是对抗重大压力后产生失调。

- **行为学压力症候**（Behavior symptoms）

指包括生产率下降，缺勤率和离职率提高等和行为有关的压力症候。

- **工作倦怠**（Job burnout）

指个体的一种情感耗竭、人格解体和个人成就感降低的症状。

- **逆境商**（Adversity quotient）

指人们如何认识逆境和战胜逆境的能力及面对挫折、摆脱困境和超越困境的心理能力。

- **员工援助计划**（EAP）（Employee assistance programs）

指为个人和组织提供的一种咨询服务，旨在帮助组织处理生产效率的问题以及帮助员工甄别和解决个人所关心的问题。

- **经验性回避**（Experiential avoidance）

指个体对于自身的内在体验，比如想法、身体感觉、情感等方面的控制，进而改变自己对于这些内容的敏感性。

- **压力－情绪模型**（Stressor-emotion model）

指个人会对工作事件做出情绪化的反应，这些情绪会激发情感驱动的行为。

- **职场焦虑**（Working anxiety）

指员工在完成工作任务过程中紧张不安和担忧的感觉，代表了员工以紧张为症状的压力反应。

- **职业韧性**（Career resilience）

指企业管理人员在职业发展过程中遭遇逆境时应对各种工作

压力，遇到挫折时进行自我调整、适应，并能迅速恢复，以及在职业发展的顺境中，积极主动达成目标并进行自我控制、自我挑战的心理能力。

- **脱离恢复**（Detachment-recovery）

指从事休闲活动有助于脱离与工作相关的压力，从而有助于恢复的过程。

- **康复需求**（Need for recovery）

指为个人从压力源中获得暂时缓解的愿望，以修复和补充他或她的心理资源。

- **工作恢复**（Recovery from work）

指减少或消除由工作要求和工作压力事件引起的身体和心理紧张症状的过程。

- **建设性行为**（Constructive behavior）

指个体遇到挫折时，采取积极进取的态度，做出减轻挫折心理和满足需要的积极适应性行为。

- **升华**（Sublimation）

指个体在遇到挫折时把一些消极因素转化为积极因素，进行更有效的活动的行为过程。

- **加倍努力**（Double the effort）

指个体在遇到挫折时，认清前进的方向，继续努力，最后达到目标的行为过程。

- **模仿**（Imitate）

指个体观察并复制他人的行为。

- **重定目标**（Retarget）

指个体在遇到挫折时，重新修订目标，包括延长达成目标的期限和确立新目标，以利于达成目标的行为过程。

- **中性行为**（Neutral behavior）

指个体在遇到挫折时，采取消极等待的态度，做出使挫折心理减轻的消极适应性行为。

- **反向行为**（Reverse behavior）

指个体在遇到挫折时，努力压制自己的兴趣爱好、需要和动机，勉强去做一些违背自己意愿的事，以此减少挫折心理的行为过程。

- **破坏性行为**（Destructive behavior）

指个体在遇到挫折时，采取消

极和对抗的态度，对事物进行破坏，以此来发泄内心不满情绪的行为。

- **退缩**（Retreat）

　　指个体在遇到挫折时知难而退，放弃原来的目标，以此减少挫折心理的行为过程。

- **逃避**（Escape）

　　指个体在遇到挫折时，不敢面对现实环境，而从其他活动中寻找乐趣，以此减少挫折心理的行为过程。

- **抑制**（Inhibition）

　　指个体在遇到挫折时，运用意志的力量，把挫折带来的消极情绪从记忆中剔除出去，努力忘记一些痛苦经历，以此减少挫折心理的行为过程。

- **攻击**（Attack）

　　指个体在遇到挫折时，产生愤怒的情绪，采取一些冲动的、消极的、破坏性的行为的过程。

　　◇直接攻击（Direct attack）

　　指个体对造成其挫折心理的人或事物采取直接攻击的行为过程。

　　◇迁移攻击（Migration attack）

　　指个体在遇到挫折时，由于种种原因不能直接攻击，就迁怒于他人或其他事物的行为过程。

　　◇自身攻击（Self-attack）

　　指个体在遇到挫折时，把攻击的矛头对准自身的行为过程。

- **放弃**（Give up）

　　指个体在遇到挫折时，信心丧失，采取自暴自弃的态度，做出得过且过、混日子等行为的行为过程。

- **回归**（Regression）

　　指个体在遇到挫折时，做出一种与年龄、身份、地位极不相称的幼稚行为的过程。

- **表同**（Indentification）

　　指个体在遇到挫折时，通过模仿理想中的某个人物的言行或者穿着打扮，在心理上分享他人成功的喜悦，以此来减少自己挫折心理的行为过程。

- **推诿**（Shuffle）

　　指个体在遇到挫折时，否认自己的不良行为，或者把自己的不良行为说成他人的行为，或者认为这种不良行为人人有之，以此来为自己的不良行为辩解，减轻自己的内疚、不安、后悔、忧虑的挫折心理的行为过程。

- **容忍力**（Tolerance）

  指容忍某事物的能力或意愿。

引用文献

书籍：

[1] 陈春花，杨忠，曹洲涛．(2016)．组织行为学（第3版）．机械工业出版社．

[2] 关培兰．(2015)．组织行为学（第4版）．中国人民大学出版社．

[3] 胡君辰，吴小云．(2014)．组织行为学（第2版）．中国人民大学出版社．

[4] 胡立君，唐春勇．(2010)．组织行为学．武汉理工大学出版社．

[5] 劳里·马林斯，吉尔·克里斯蒂．(2015)．组织行为学精要（第3版）．清华大学出版社．

[6] 李爱梅，凌文辁．(2015)．组织行为学（第2版）．机械工业出版社．

[7] 斯蒂芬·罗宾斯，蒂莫西·贾奇．(2016)．组织行为学（第14版）．中国人民大学出版社．

[8] 张德，陈国权．(2011)．组织行为学（第2版）．清华大学出版社．

期刊文献：

[1] 陈嘉文，姚小涛，(2015)．组织与制度的共同演化：组织制度理论研究的脉络剖析及问题初探．管理评论，27 (5)，135–147.

[2] 陈建安，陶雅，陈瑞．(2017)．工作场所中年龄多元化前沿探析及其管理启示．管理评论，29 (7)，148–162.

[3] 邓春平，刘小娟，毛基业．(2018)．挑战与阻断性压力源对边界跨越结果的影响——IT员工压力学习的有调节中介效应．管理评论，30 (07)：150–163.

[4] 韩平，刘向田，陈雪．(2017)．企业员工组织信任、心理安全和工作压力的关系研究．管理评论，10，110–121.

[5] 李研，黄苏萍，李东进．(2017)．被迫好评情景下消费者后续行为意愿研究．管理科学，30 (5)，17–27.

[6] 李志成，王震，祝振兵，占小军．(2018)．基于情绪认知评价的员工绩效压力对亲组织非伦理行为的影响研究．管理学报，15 (03)，358–365.

[7] 梁阜，李树文，孙锐．(2017)．Sor视角下组织学习对组织创新绩效的影响．管理科学，30 (3)，63–74.

[8] 刘海洋，刘圣明，王辉，徐敏亚．(2016)．领导与下属权力距离一致性对下属工作绩效的影响及其机制．南开管理评论，19 (5)，55–65.

[9] 慕德芳，陈英和．(2013)．元认知监控的机制：认知灵活性的调节作用．心理发展与教育，29 (2)，113–120.

[10] 屠兴勇，赵紫薇，王泽英，江静.

（2018）. 情绪智力如何驱动员工角色内绩效? 中介作用的调节效应模型. 管理评论（7），173 - 182.

[11] 王鉴忠，宋君卿，曹振杰，齐善鸿. （2015）. 企业管理人员成长型心智模式对职业生涯成功影响的研究. 管理学报，12（9），1321.

[12] 郑晓明，倪丹. （2018）. 组织管理中正念研究述评，管理评论，30（10），153 - 168.

[13] 周海明，陆欣欣，时勘. （2018）. 时间压力何时增加工作专注——工作特征的调节作用. 南开管理评论，21（4），206 - 218.

[14] Adam, H. , Obodaru, O. , Lu, J. G. , Maddux, W. W. , & Galinsky, A. D. （2018）. The shortest path to oneself leads around the world: Living abroad increases self-concept clarity. *Organizational Behavior and Human Decision Processes*, 145（C）, 16 - 29.

[15] Aslani, S. , Jimena Ramirez-Marin, Brett, J. , Yao, J. , Zhaleh Semnani-Azad, & Zhi-Xue Zhang, et al. （2016）. Dignity, face, and honor cultures: a study of negotiation strategy and outcomes in three cultures. *Journal of Organizational Behavior*, 37（8）, 1178 - 1201.

[16] Bacchini, D. , De Angelis, G. , Affuso, G. , & Brugman, D. （2016）. The structure of self-serving cognitive distortions: a validation of the "how i think" questionnaire in a sample of Italian adolescents. *Measurement & Evaluation in Counseling & Development*, 49（2）, 163 - 180.

[17] Baer, M. , & Oldham, G. R. . （2006）. The curvilinear relation between experienced creative time pressure and creativity: moderating effects of openness to experience and support for creativity. *Journal of Applied Psychology*, 91（4）, 963.

[18] Baumeister, R. , & Vohs, K. （2007）. Self-regulation, ego depletion, and motivation. S*ocial and Personality Psychology Compass*, 1, 1 - 14

[19] Belmi, P. , & Neale, M. （2014）. Mirror, mirror on the wall, who's the fairest of them all? Thinking that one is attractive increases the tendency to support inequality. *Organizational Behavior and Human Decision Processes*, 124（2）, 133 - 149.

[20] Biron, M. , & Van Veldhoven, M. . （2016）. When control becomes a liability rather than an asset: comparing home and office days among part-time teleworkers. *Journal of Organizational Behavior*, n/a - n/a.

[21] Cialdini, R. B. , Reno, R. R. , & Kallgren, C. A. （1990）. A focus theory of normative conduct: recycling the concept of norms to reduce

littering in public places. *Journal of Personality & Social Psychology*, 58 (6), 1015 – 1026.

[22] Ciarocco, N. J. , Vohs, K. D. , & Baumeister, R. F. (2010) . Some good news about rumination: Task-focused thinking after failure facilitates performance improvement. *Journal of Social and Clinical Psychology*, 29, 1057 – 1073.

[23] Dewall, C. N. , Baumeister, R. F. , Gailliot, M. T. , & Maner, J. K. (2008) . Depletion makes the heart grow less helpful: helping as a function of self-regulatory energy and genetic relatedness. *Personality and Social Psychology Bulletin*, 34 (12), 1653 – 1662.

[24] Eriksson, K. , Strimling, P. , & Coultas, J. C. (2015) . Bidirectional associations between descriptive and injunctive norms. *Organizational Behavior and Human Decision Processes*, 129, 59 – 69.

[25] Fazio, R. H. , & Olson, M. A. . (2003) . Implicit measures in social cognition research: their meaning and use. *Annual Review of Psychology*, 54 (1), 297 – 327.

[26] George, J. M. , & Zhou, J. (2007). Dual tuning in a supportive context: Joint contributions of positive mood, negative mood, and supervisory behav-iors to employee creativity. *Academy of Management Journal*, 3, 605 – 622.

[27] Ghaemi, S. N. (2001). Rediscovering existential psychotherapy: The contribution of Ludwig Binswanger. *American Journal of Psychotherapy*, 55 (1), 51 – 64.

[28] Goto, N. , & Schaefer, A. (2020). Emotional Intensity. *Encyclopedia of Personality and Individual Differences*, 1311 – 1319.

[29] Greenwald, A. G. , &Banaji, M. R. (1995) . Implicit social cognition: attitudes, self-esteem, and stereotypes. *Psychological Review*, 102 (1), 4 – 27.

[30] Huy, & Q. , N. (1999) . Emotional capability, emotional intelligence, and radical change. *Academy of Management Review*, 24 (2), 325 – 345.

[31] Kagias, K. , Nehammer, C. , & Pocock, R. (2012) . Neuronal responses to physiological stress. *Frontiers in Genetics*, 3, 222.

[32] Karelaia, N. , & Guillén, Laura. (2014) . Me, a woman and a leader: positive social identity and identity conflict. *Organizational Behavior and Human Decision Processes*, 125 (2), 204 – 219.

[33] Knecht, M. , Wiese, B. S. , & Freund, A. M. . (2016) . Going beyond work and family: a longitudinal study

on the role of leisure in the work-life interplay. *Journal of Organizational Behavior*, 37 (7), 1061 – 1077.

[34] Lamont, R. A., Swift, H. J., & Abrams, D. (2015). A review and meta-analysis of age-based stereotype threat: negative stereotypes, not facts, do the damage. *Psychology and Aging*, 30 (1), 180 – 193.

[35] Leslie, L. M., Mayer, D. M., & Kravitz, D. A. (2014). The stigma of affirmative action: a stereotyping-based theory and meta-analytic test of the consequences for performance. *A-cademy of Management Journal*, 57 (4), 964 – 990.

[36] Liu, W., Song, Z. L., & Li, X. (2017). Why and when leader's af-fective states influence employee up-ward voice. *Academy of Management Journal*, 60 (1), 238 – 268.

[37] Maslach, C., & Leiter, M. P. (2008). Early predictors of job burnout and engagement. *Journal of Applied Psychology*, 93, 498 – 512.

[38] McLain, D. L., Kefallonitis, E., & Armani, K. (2015). Ambiguity tolerance in organizations: definition-al clarification and perspectives on fu-ture research. *Frontiers in Psychol-ogy*, 6, 344.

[39] Meier, L. L., & Gross, S.. (2015). Episodes of incivility between subor-dinates and supervisors: examining the role of self-control and time with an interaction-record diary study. *Journal of Organizational Behavior*, 36 (8), 1096 – 1113.

[40] Merdin-Uygur, E., Sarial-Abi, G., Gurhan-Canli, Z., & Hesapci, O. (2019). How does self-concept clar-ity influence happiness in social set-tings? The role of strangers versus friends. *Self and Identity*, 18 (4), 443 – 467.

[41] Miller, A. C., Gordon, R. M., Daniele, R. J., & Diller, L. (1992). Stress, appraisal, and cop-ing in mothers of disabled and nondis-abled children. *Journal of Pediatric Psychology*, 17 (5), 587 – 605.

[42] Moss, Ellen; Strayer, F. F. (1988). "Imitation is the Greatest form of Flattery". *PsycCRITIQUES*, 33 (11): 970 – 971.

[43] MuhammadAbdur Rahman Malik, & Arif N. Butt, Jin Nam. (2015). Re-wards and employee creative perform-ance: Moderating effects of creative self-efficacy, reward importance, and locus of control. *Journal of Organiza-tional Behavior*, 36 (1), 59 – 74.

[44] Muldoon, R., Lisciandra, C., Bicch-ieri, C., Hartmann, S., & Sprenger, J. (2014). On the emergence of de-scriptive norms. *Politics, Philosophy &*

Economics, 13 (1), 3 – 22.

[45] Perkins, H. W. (2002) . "Social norms and the prevention of alcohol misuse in collegiate contexts". *Journal of Studies on Alcohol*, 14, 164 – 172.

[46] Perrewé, Pamela L., Hochwarter, W. A., Ferris, G. R., Mcallister, C. P., & Harris, J. N.. (2014). Developing a passion for work passion: future directions on an emerging construct. *Journal of Organizational Behavior*, 35 (1), 145 – 150.

[47] Quick, J. C., Joplin, J. R., Nelson, D. L., & Quick, J. D. (1992). Behavioral responses to anxiety: Self-reliance, counterdependence, and overdependence. *Anxiety, Stress, and Coping*, 5 (1), 41 – 54.

[48] Reynolds, R. I. (1988). A psychological definition of illusion. *Philosophical Psychology*, 1 (2), 217 – 223.

[49] Reyt, J. N., Wiesenfeld, B. M., & Trope, Y. (2016). Big picture is better: the social implications of construal level for advice taking. *Organizational Behavior and Human Decision Processes*, 135, 22 – 31.

[50] Robak, R. W., Ward, A., & Ostolaza, K. (2005). Development of a General Measure of Individuals' Recognition of Their Self-Perception Processes. *Psychology*, 7, 337 – 344.

[51] Robert G. Lord, PaolaGatti, & Susanna L. M. Chui. (2016). Social-cognitive, relational, and identity-based approaches to leadership. *Organizational Behavior & Human Decision Processes*, 136, 119 – 135.

[52] SabineSonnentag, & Charlotte Fritz. (2015). Recovery from job stress: The stressor-detachment model as an integrative framework. *Journal of Organizational Behavior*, 36, 72 – 103.

[53] Scarpello, V., & Jones, F. F. (1996). Why justice matters in compensation decision making. *Journal of Organizational Behavior*, 17 (3), 285 – 299.

[54] Shamir, B. (1991). The charismatic relationship: Alternative explanations and predictions. *The Leadership Quarterly*, 2 (2), 81 – 104.

[55] Shemla, M., Meyer, B., Greer, L., & Jehn, K. A. (2014). A review of perceived diversity in teams: does how members perceive their team's composition affect team processes and outcomes?. *Journal of Organizational Behavior*, 37 (S1), S89 – S106.

[56] Smidts, A., Pruyn, A. T. H., & Van Riel, C. B. M. (2001). The impact of employee communication and perceived external prestige on organizational identification. *Academy of Manage-*

ment Journal, 44 (5), 1051 – 1062.

[57] Toros, K. , & LaSala, M. C. (2019).
Child protection workers' understand-
ing of the meaning and value of self-
reflection in Estonia. *Reflective Prac-
tice*, 20 (2), 266 – 278.

[58] Touré-Tillery, M. , & Light, A. E.
(2018) . No self to spare: How the
cognitive structure of the self influ-
ences moral behavior. *Organizational
Behavior and Human Decision Proces-
ses*, 147, 48 – 64.

[59] van de Calseyde, P. P. , Zeelenberg,
M. , & Evers, E. R. (2018) . The
impact of doubt on the experience of
regret. *Organizational Behavior and
Human Decision Processes*, 149, 97 –
110.

[60] Walumbwa, F. O. , Luthans, F. ,
Avey, J. B. , & Oke, A. . (2011).
Authentically leading groups: the me-
diating role of collective psychological
capital and trust. *Journal of Organiza-
tional Behavior*, 32 (1), 4 – 24.

[61] Weick, K. E. , Sutcliffe, K. M. , & Ob-
stfeld, D. (2005) . Organizing and
the process of sensemaking. *Organiza-
tion Science*, 16 (4), 409 – 421.

[62] Welsh, D. T. , & Lisa D. Ordóñez.
(2014) . Conscience without cogni-
tion: the effects of subconscious
priming on ethical behavior. *Acade-
my of Management Journal*, 57

(3), 723 – 742.

[63] White, K. , Simpson, B. , & Argo,
J. J. (2014) . The motivating role
of dissociative out-groups in encoura-
ging positive consumer behav-
iors. *Journal of Marketing Research*,
51 (4), 433 – 447.

[64] Willard, G. , Isaac, K. J. , & Car-
ney, D. R. . (2015) . Some evi-
dence for the nonverbal contagion of
racial bias. *Organizational Behavior
and Human Decision Processes*, 128,
96 – 107.

[65] Wu, C. , Parker, S. K. , Wu, L. Z. ,
& Lee, C. (2017) . When and why
people engage in different forms of
proactive behavior: interactive effects
of self-construals and work character-
istics. *Social Science Electronic Pub-
lishing*, 61 (1), 1 – 71.

[66] Zhang, S. , Hsee, C. K. , & Yu, X.
(2018) . Small economic losses low-
er total compensation for victims of e-
motional losses. *Organizational Be-
havior and Human Decision Processes*,
144, 1 – 10.

[67] Zhang, Y. , Lepine, J. A. , Buck-
man, B. R. , & Wei, F. . (2014).
It's not fair. or is it? the role of justice
and leadership in explaining work
stressor-job performance relation-
ships. *Academy of Management Jour-
nal*, 57 (3), 675 – 701.

第四章　个人行为与组织的匹配

4.1　自我效能感

- **感知效能**（Perceived efficacy）

  指个体对自己与环境发生相互作用的效验的主体自我判断。

- **自我效能**（Self-efficacy）

  指人们对自己实现特定领域行为目标所需能力的信心或信念，简单来说就是个体对自己能够取得成功的信念，即"我能行"。

- **一般自我效能**（General self-efficacy）

  指个体对自己能够在多种工作环境下有效工作的整体观点。

- **特定任务的自我效能**（Task-specific self-efficacy）

  指个体对自己能够完成某特定

任务的信念和预期。

- **创造性自我效能感**（Creative self-efficacy）

  指个体对自己所具有的创造性的一种信心和评估。

- **管理自我效能**（Managerial self-efficacy）

  指对自己能否利用所拥有的能力或技能去完成管理任务的自信程度的评价。

- **核心自我评价**（Core self-evaluation）

  指个体对自身的价值、胜任力和能力所做出的基准评价。

- **自我肯定理论**（Self-affirmation theory）

  指为消除某个会造成失调的

威胁对自我概念所带来的冲击，人们会将注意力放在他们在某个与该威胁不相关的领域上的能力。

4.2 胜任力

- **胜任力**（Competency）

指能将某一工作中有卓越成就者与普通者区分开来的个人的深层次特征，这些特征包括知识、技能、自我形象、社会性动机、特质、思维模式、心理定式，以及思考、感知和行动的方式。

- **门槛类胜任力**（Threshold competence）

指为保证工作取得成功而界定出的一些最低标准要求。

- **区辨类胜任力**（Differentiating competence）

指能将同一位置上的高绩效者和绩效平平者区分开来的素质。

- **转化类胜任力**（Transformational competence）

指管理人员和员工普遍缺乏的胜任素质，一旦他们在这种胜任力上得到改善和提高，那么工作绩效将会大大提高。

- **行为胜任力**（Behavioral competence）

指在不确定和风险条件下的主动性和承担责任的能力，包括寻求机会、对目标的承诺、决策、目标设置等。

- **知觉胜任力**（Perceptual competence）

指运用恰当的知识、情感以及行为模式来协调内部认知，对环境的整合能力。

- **情感胜任力**（Affective competence）

指理解他人，解决持不同观点的管理者之间冲突的能力，包括影响和领导他人，与他人一起工作、提供帮助和授权等。

- **思维胜任力**（Thinking competence）

指系统管理、协调内部认知、情感以及其他资源的能力。

4.3 工作满意度与幸福感

- **工作满意度**（Job satisfaction）

    指个体在组织内工作过程中，对工作本身及其有关方面（包括工作环境、工作状态、工作方式、工作压力、挑战性、工作中的人际关系等）所持有的态度。

- **薪酬满意度**（Salary satisfaction）

    指员工对经济报酬和非经济报酬等实际收入与期望收入差异的感知。

- **客户满意度**（Consumer satisfaction）

    指客户期望值与客户体验的匹配程度，是顾客对服务性行业满意度调查系统的简称。

- **服务利润链模型**（Service profit chain model）

    指员工工作满意度如何间接地通过服务质量、客户忠诚度及相关因素影响公司的盈利能力的模型。

- **工作满意度的评估**（Job satisfaction assessment）

    指对大量工作元素进行综合的结果，比如工作性质如何、工作环境好坏、人际关系优劣、规章制度公平与否等。

- **退出－表达－忠诚－忽视模型**（Exit-voice-loyalty-neglect model）

    指员工表达对工作不满的四种方式，按照建设性/破坏性和积极性/消极性两个维度划分。

    ◇退出（Exit）

    指员工直接离开组织。包括寻找新的工作岗位或辞职。

    ◇表达（Voice）

    指员工付出建设性的努力来改善工作条件。包括提出改进建议，主动与上司以及其他类型的团体一起讨论所面临的问题。

    ◇忠诚（Loyalty）

    指员工被动但乐观地等待环境有所改善。包括面对批评时站出来为组织说话，相信组织及管理层会做"正确的事"。

    ◇忽视（Neglect）

    指员工被动地放任事态变得越来越糟。包括长期缺勤或迟到、降低努力程度和增加失误率。

- **中国情境下沉默行为三维模型** (3D model of silence behavior in Chinese context)

指员工本可以基于自己的经验和知识提出想法、建议和观点，从而改善所在部门或组织的某些方面的工作，却因为种种原因，会选择保留观点，或者提炼和过滤自己的观点。包括漠视性沉默行为、防御性沉默行为和默许性沉默行为在内的沉默行为模型。

◇漠视性沉默 (Disregardful silence)

指个体因对目前从事工作、所在岗位、所属团队或组织的认同感与归属感不够而采取消极保留自己观点的不作为行为。

◇防御性沉默 (Defensive silence)

指个体考虑到说出自己想法或提出意见建议可能会给自己带来一些消极后果，如与他人之间可能产生人际隔阂，可能受到他人的攻击或管理报复等，而采取的自我保护行为。

◇默许性沉默 (Acquiescent silence)

指由于个体认为即使自己提出建议或开诚布公地说出自己的观点，也可能无法对自己、他人或团队产生应有影响，无力改变现状而采取的消极顺从行为。

- **工作幸福感** (Working well-being)

指员工对工作的情感和认知的评价，是一种状态类的、具有伸展性的积极心理能力，这种能力是能够开发和提高的。

- **主观幸福感** (Subjective well-being)

指人们关于自己生活的情感性和认知性的评价。

- **心理幸福感** (Psychological well-being)

个体根据自定的标准，通过对自我生存质量进行综合评价而产生的一种比较稳定的认知和情感体验。

- **幸福能力** (well-being ability)

指员工理解幸福、感受幸福、追求幸福和创造幸福的能力。

- **工作场所宽恕** (Forgiveness in the workplace)

指在工作场所中，当受到他人的冒犯或者伤害后，被冒犯者消除对冒犯者的愤怒和怨恨，并放弃敌视和报复的行为。

- **员工宽恕**（Employee forgiveness）

指当受到同事的冒犯或者伤害后，员工消除对他（她）的愤怒和怨恨，并放弃敌视和报复的行为。

4.4 组织认同与组织承诺

- **组织认同**（Organizational identi-fication）

指个体根据某一特定的组织成员身份对自我进行定义的一种状态。

- **信任**（Trust）

指在有风险情况下，一方对另一方的积极的期望。

- **情感型信任**（Affect-based trust）

指人们在经历相互关怀和支持时与一方或多方发展的情感纽带。

- **系统信任**（System trust）

指员工对组织制度、政策、管理等方面的信任程度。

- **人际信任**（Interpersonal trust）

指个体在人际互动过程中建立起来的对交往对象的言辞承诺以及

书面或口头陈述的可靠程度的一种概括化期望。

- **组织信任**（Organization trust）

指员工心中对组织持有的信心和支持的情感状态。

- **组织内的人际信任**（Interperson-al trust within the organization）

指基于对对方意图和行为的积极预期，愿意向对方暴露自己的弱点并且不担心被利用的一种心理状态。

- **组织可信赖性**（Perceived organ-izational trustworthiness）

指员工对领导的意图和未来可能采取的行动抱有的一种自信、积极的期望。

- **基于友好的信任**（Friendly based trust）

指员工相信组织成员有为其考虑的意图和动机，会真诚地关心其收益或福利，是对组织成员道德与责任的积极期望。

- **员工承诺**（Employee commit-ment）

指员工对所属组织的目标和价

值观的认同和信任，以及由此带来的积极情感体验。

- **组织承诺**（Organizational commitment）

指员工对特定组织及其目标的认同、情绪依赖及参与程度。包括情感承诺、持续承诺和规范承诺。

◇情感承诺（Affective commitment）

指对组织目标和价值观的信仰、为组织付出更多努力的意愿和希望保持组织成员身份的愿望。

◇持续承诺（Continuance commitment）

指员工因考虑到跳槽的成本而不愿意离职的态度与行为。

◇规范承诺（Normative commitment）

指当员工觉得他们"应该"继续在他们的组织工作时，他们对组织的承诺。这种感觉不同于情感承诺和持续承诺的"想要"和"需要"感觉。在这种情况下，员工觉得有义务为公司工作，是因为公司为他/她做了所有的事情。

- **双组织承诺**（Dual commitment）

用于描述员工对一个组织的承诺与对另一个组织（通常是工会或专业协会）的承诺存在忠诚度不同的情况的术语。

- **承诺的非理性扩大**（Irrational expansion of commitment）

指尽管最初决策是错误的，但人们仍然对最初决策不断作出各种新承诺。

- **承诺升级**（Escalation of commitment）

指在有明显证据证明一个决策是错误的情况下，人们还倾向于继续做出同样的决策。

- **组织自尊**（Organization-based self-esteem）

指组织成员如何看待自己在组织中的重要性、自身需求满足和能力、价值体现的程度。

4.5 组织公民行为

- **组织公民行为**（Organizational citizenship behavior）

指有益于组织，但在组织正式的薪酬体系中尚未得到明确或直接确认的行为。

- **顺从型组织公民行为**（Submissive organizational citizenship）

指合作和人际性的，旨在维持组织现状、巩固社会关系的一类组织公民行为。

- **挑战型组织公民行为**（Challenging organizational citizenship behavior）

指个体提出或实施的与工作方式、政策和程序有关的变革性努力，旨在提高组织绩效的一类组织公民行为。

- **组织主人翁行为**（Organizational ownership behavior）

指中国文化情境下被视为员工应尽义务的，却没有被明确列入职责内的行为，即既考虑了岗位职责规定以外的"不必做"的行为（组织公民行为），又考虑了岗位职责界限不清的"期望做"的行为。

- **角色外绩效**（Extra-role performance）

指积极的、有益于组织角色增强的行为，有利于组织发展的工作范畴以外的不属于职责范围内的行为。

- **角色内绩效**（Internal-role performance）

指特定工作岗位上员工通过一系列直接活动（例如知识、信息、材料和具体工作）实现个体价值并为组织贡献力量的行为。

- **周边绩效**（Contextual performance）

指一系列自愿的、人际的、面向组织或团体的行为，这些行为营造了一个良好的心理和社会环境，从而有利于组织整体任务达成。

- **运动员精神**（Sportsmanship）

指员工在不理想情境下能够不抱怨、坚持工作的意愿行为。

- **员工志愿服务**（Employee volunteering）

指员工在一些计划活动过程中将时间花在志愿者小组上。

- **员工参与度**（Engagement）

指员工对自己工作的认可程度，愿意投入工作，以雇主的方式行事。

- **员工绿色行为** ［Employee green behavior（EGB）］

  指工作环境中有助于环境可持续性的行为。

- **道德行为**（Ethnic behavior）

  指符合特定伦理体系原则的行为或态度。

- **员工反生产行为**（Counterproductive work behavior）

  指个体表现出的任何对组织或者组织利益相关者合法利益具有或者存在潜在危害的有意行为。

4.6 组织支持感与心理契约

- **组织支持理论**（Organizational support theory）

  指组织的支持能够满足员工的社会情感需求，如果员工感受到组织愿意并且能够对他们的工作努力进行回报，员工就会为组织的利益付出努力。

- **人际交互心理安全**（Interpersonal interaction psychological security）

  指人际交互双方对交往氛围的安全感知。

- **主管支持感**（Sense of supervisor support）

  指员工感受到的自己主管珍视自己的贡献和关心自己福利的程度。

- **感知组织支持**（Perceived organizational support）

  指员工对组织如何看待他们的贡献以及关心他们的利益的一种感知和看法。

- **员工企业地位感知**（Employee's perception of enterprise status）

  指员工对所在企业中的员工自主权和组织支持感的主观认知。

- **员工工会地位感知**（Employee union status perception）

  指员工对在所属工会组织中的自我影响力及个体所受支持和重视程度的认知。

- **员工工会离职倾向**（Employee union turnover tendency）

  指由于工会影响力及工会支持感变低，员工产生退出工会的想法。

- **领导者的政治支持**（Leader political support）

  指领导者利用权力或影响力来倡导或以其他方式帮助追随者，试图改变组织内的优势分配，从而有利于追随者。

- **感知心理授权**（Perceived psychological empowerment）

  指个体体验到的心理状态或认知的综合体，包含意义、自我效能感、自我决定以及影响。

- **契约控制**（Contractual control）

  指成员通过签订明文协议，利用正式的规则和程序规定各成员的职责和义务，也包括对成员违约行为的惩罚措施。

- **心理契约**（Psychological contract）

  指个人与其组织之间的一份内隐的协议，协议中的内容包括在彼此关系中一方希望给另一方付出什么，同时又该得到什么。

- **心理契约理论**（Psychological contract theory）

  指雇主与雇员之间对彼此未说

出口的内隐期待。

- **心理契约感知**（Psychological contract perception）

  指员工以自己与组织的关系为前提，以承诺和感知为基础，对自己和组织间彼此形成的责任和义务的各种信念的感知。

- **特定控制权**（Specific right of control）

  指由契约明确规定的控制权力。

- **剩余控制权**（Remaining right of control）

  指在契约中无明确界定、决定资产在契约限定以外如何被使用的权力。

- **合同违约**（Contract breach）

  指员工对组织未能履行其承诺或义务的程度的看法。

- **心理契约违背**（Breach of psychological contract）

  指一方认为另一方没有或没有完全履行承诺义务而感受到自己被欺骗或在情感上受到伤害。

- **心理氛围**（Psychological climate）

指组织内部以群体意识为主要内容的对组织、对工作、对内部人际关系以及对组织外在形象的认知和感受的综合反应。

- **心理权利**（Psychological entitlement）

指一种稳定和普遍的感觉，拥有这种感觉的人认为他/她应该得到更多，并且比其他人享有更多。

- **心理平等**（Psychological equality）

指一个社会的主流规范价值体系在多大程度上鼓励和促使人们平等对待他人。

- **心理所有权**（Psychological ownership）

指对特定目标（物体、概念、组织或其他人）的占有感。

- **心理安全**（Psychological safety）

指员工相信他们可以向领导者展示和表达自己，而不用担心与领导者互动时产生的负面影响。

- **组织吸引力**（Organizational attractiveness）

指从求职者的视角衡量个体到某个具体组织中工作的意愿强度。

引用文献

书籍：

[1] 陈春花，杨忠，曹洲涛．（2016）．组织行为学（第3版）．机械工业出版社．

[2] 关培兰．（2015）．组织行为学（第4版）．中国人民大学出版社．

[3] 胡君辰，吴小云．（2010）．组织行为学．中国人民大学出版社．

[4] 胡立君，唐春勇，石军伟．（2016）．组织行为学（第2版）．武汉理工大学出版社．

[5] 劳里·马林斯，吉尔·克里斯蒂．（2015）．组织行为学精要（第3版）．清华大学出版社．

[6] 李爱梅，凌文轻．（2015）．组织行为学（第2版）．机械工业出版社．

[7] 詹姆斯·坎贝尔·奎克，戴布拉·尼尔森．（2013）．组织行为学：现实与挑战（第7版）．清华大学出版社．

[8] 史蒂文·麦克沙恩，玛丽·安·冯·格里诺．（2013）．组织行为学（第2版）．中国人民大学出版社．

期刊文献：

[1] 陈加洲，凌文辁，方俐洛．（2001）．组织中的心理契约．管理科学学报，4（2），74-78．

[2] 单红梅，胡恩华，鲍静静，张毛龙．（2015）．非国有企业员工组织地位感知水平对离职倾向的影响研究．管理学报，12（8），1146．

[3] 邓新明，龙贤义，刘禹，叶珍．（2017）．善行必定有善报吗——消费者抵制企业社会责任行为的内在机理研究．南开管理评论，20（06），129-139．

[4] 杜创，朱恒鹏．（2016）．中国城市医疗卫生体制的演变逻辑．中国社会科学（8），66-89．

[5] 韩平，刘向田，陈雪．（2017）．企业员工组织信任、心理安全和工作压力的关系研究．管理评论（10），110-121．

[6] 何清华，陈震，李永奎．（2017）．我国重大基础设施工程员工心理所有权对项目绩效的影响——基于员工组织主人翁行为的中介．系统管理学报，26（1），54-62．

[7] 侯烜方，卢福财．（2018）．新生代工作价值观、内在动机对工作绩效影响——组织文化的调节效应．管理评论，30（4），157-168．

[8] 李锐．（2010）．职场排斥对员工职外绩效的影响：组织认同和工作投入的中介效应．管理科学（3），23-31．

[9] 刘婷，王震．（2016）．关系投入、治理机制、公平与知识转移：依赖的调节效应．管理科学，29（4），115-124．

[10] 刘文彬，井润田，李贵卿，唐杰．（2014）．员工"大五"人格特质、组织伦理气氛与反生产行为：一项跨层次检验．管理评论，26（11）．

[11] 陆昌勤，方俐洛，凌文辁．（2001）．管理者的管理自我效能感．心理学动态．9（2）：179-185．

[12] 田立法．（2017）．最佳人力资源管理实践、组织氛围强势与企业绩效关系研究．管理工程学报，31（2），1-8．

[13] 王利平．（2017）．制度逻辑与"中魂西制"管理模式：国有企业管理模式的制度分析．管理学报，14（11），1579-1586．

[14] 王茂林，何玉润，林慧婷．（2014）．管理层权力、现金股利与企业投资效率．南开管理评论，17（2），13-22．

[15] 徐珺，尚玉钒，宋合义．（2018）．上级发展性反馈与创造力：一个被调节的中介模型．管理科学，31（1），69-78．

[16] 颜静，樊耘，张旭．（2016）．顺从型与挑战型组织公民行为：基于情感体验与理性认知双路径．管理工程学报，30（3），63-71．

[17] 杨春江，蔡迎春，侯红旭．

（2015）．心理授权与工作嵌入视角下的变革型领导对下属组织公民行为的影响研究．管理学报，12（2），231．

［18］张军伟，龙立荣，易谋．（2017）．上行下效：工作场所宽恕的涓滴模型．管理工程学报，31（1），24-31．

［19］张麟，王夏阳，陈宏辉，陈良升．（2017）．企业承担社会责任对求职者会产生吸引力吗——一项基于实验的实证研究．南开管理评论，20（05），116-130．

［20］郑晓涛，柯江林，石金涛，郑兴山．（2008）．中国背景下员工沉默的测量以及信任对其的影响．心理学报，40（2），219-227．

［21］周国华，马丹，徐进，任际范．（2014）．组织情境对项目成员知识共享意愿的影响研究．管理评论，26（5），61-74．

［22］Argyris C. （1960）．Understanding organizational behavior. *Homewood, IL: The Dorsey Press*, 32-34.

［23］Campbell, W. K. , Bonacci, A. M. , Shelton, J. , Exline, J. J. , & Bushman, B. J. （2004）．Psychological entitlement: interpersonal consequences and validation of a self-report measure. *Journal of Personality Assessment*, 83（1）, 29-45.

［24］Crocker, J. , & Park, L. E. （2004）．The costly pursuit of self-esteem. *Psychological Bulletin*, 130（3）, 392.

［25］Ellen, & Parker, B. . （2014）．Considering the positive possibilities of leader political behavior. *Journal of Organizational Behavior*, 35（6）, 892-896.

［26］Fieldler, K. （2007）．Construal level theory as an integrative framework for behavioral decision-making research and consumer psychology. *Journal of Consumer Psychology*, 17, 101-106.

［27］Gong, Y. , uang, J. C. , & Farh, J. L. . （2009）．Employee learning orientation, transformational leadership, and employee creativity: the mediating role of employee creative self-efficacy. *The Academy of Management Journal*, 52（4）.

［28］González, T. F. , &Guillen, M. （2008）．Organizational commitment: A proposal for a wider ethical conceptualization of 'normative commitment'. *Journal of Business Ethics*, 78（3）, 401-414.

［29］Grubbs J. B. , Exline J. J. （2016）．Trait entitlement: A cognitive-personality source of vulnerability to psychological distress. *Psychological Bulletin*, 142, 1204-1226.

［30］Judge, T. A. , Bono, J. E. , Erez, A. , & Locke, E. A. （2005）．Core self-evaluations and job and life satisfaction: the role of self-concordance and goal attainment. *Journal of Applied Psycholgy*, 90 （2）, 257 – 268.

［31］ Kahn, W. A. （1990）. Psychological conditions of personal engagement and disengagement at work. *Academy of Management Journal*, 33 （4）, 692 – 724.

［32］ Lawler, E. E. （1971）. Pays and organizationalefectiveness: A psychological view. *New York, NY : McGraw Hill*.

［33］ Lewicki, R. J. , Mcallister, D. J. , & Bies, R. J. . （1998）. Trust and distrust: new relationships and realities. *Academy of Management Review*, 23 （3）, 438 – 458.

［34］ Meyer, J. P. , Morin, A. J. , & Vandenberghe, C. （2015）. Dual commitment to organization and supervisor: A person-centered approach. *Journal of Vocational Behavior*, 88, 56 – 72.

［35］ Moon, Henry （2001）. "The two faces of conscientiousness: Duty and achievement striving in escalation of commitment dilemmas". *Journal of Applied Psychology.* 86 （3）: 533 – 540.

［36］ Morrison, E. W. , & Robinson, S. L. （1997）. When employees feel betrayed: A model of how psychological contract violation develops. *Academy of Management Review*, 22, 226 – 256.

［37］ Norton, T. A. , Zacher, H. , Parker, S. L. , & Ashkanasy, N. M. . （2017）. Bridging the gap between green behavioral intentions and employee green behavior: the role of green psychological climate. *Journal of Organizational Behavior*.

［38］ Orlikowski, W. J. & Yates, J. （2002）. It's about time: an enacted view of time in organizations. *Organization Science*, 13 （3）, 684 – 700.

［39］ Peng, A. C. , Schaubroeck, J. M. , & Yuhui, L. I. . （2014）. Social exchange implications of own and coworkers' experiences of supervisory abuse. *Academy of Management Journal*, 57 （5）, 1385 – 1407.

［40］ Pierce, J. L. , Kostova, T. , & Dirks, K. T. （2001）. Toward a theory of psychological ownership in organizations. *Academy of Management Review*, 26 （2）, 298 – 310.

［41］ Pierce, J. L. , Kostova, T. , & Dirks, K. T. （2003）. The state of psychological ownership: Integrating and extending a century of research. *Review of General Psychology*, 7, 84 – 107.

［42］ Rich, L. R. , LePine, J. A. , & Crawford, E. R. （2010）. Job engagement: Antecedents and effects on job performance. *Academy of Management Journal*, 53 （3）, 617 – 635.

［43］ Robinson, S. L. , & Morrison, E. W. . （2000）. The development of psychological contract breach and violation: a longitudinal study. *Journal of Organizational Behavior*, 21 (5), 525 – 546.

[44] Rodell, J. B. (2013) . Finding meaning through volunteering: why do employees volunteer and what does it mean for their jobs? . *Academy of Management Journal*, 56 (5), 1274 – 1294.

[45] Rousseau, D. M. , Sitkin, S. B. , Burt, R. S. , & Camerer, C. (1998) . Not so different after all: A cross-discipline view of trust. *Academy of Management Review*, 23, 393 – 404.

[46] Sharma, E. , &Morwitz, V. G. (2016) . Saving the masses: the impact of perceived efficacy on charitable giving to single vs. multiple beneficiaries. *Organizational Behavior & Human Decision Processes*, 135, 45 – 56.

[47] Solinger, O. N. , Hofmans, J. , Bal, P. M. , & Jansen, P. G. W.. (2015). Bouncing back from psychological contract breach: how commitment recovers over time. *Journal of Organizational Behavior*, 37 (4), 494 – 514.

[48] Spreitzer, G. M. (1995). Psycho-

logical empowerment in the workplace: Dimensions, measurement, and validation. Academy of Management Journal, 38, 1441 – 1465.

[49] Swaab, R. I. , & Galinsky, A. D.. (2015) . Egalitarianism makes organizations stronger: cross-national variation in institutional and psychological equality predicts talent levels and the performance of national teams. *Organizational Behavior & Human Decision Processes*, 129, 80 – 92.

[50] Talwar V. (2011) Moral Behavior. In: Goldstein S. , Naglieri J. A. (eds) Encyclopedia of Child Behavior and Development. *Springer*, *Boston*, *MA*.

[51] Thomas, K. W. (2000) . Intrinsic motivation at work: Building energy & commitment. *San Francisco*: *Berrett-Koehler*.

[52] Zhang, A. Y. , Song, L. J. , Tsui, A. S. , & Fu, P. P.. (2014). Employee responses to employment-relationship practices: the role of psychological empowerment and traditionality. *Journal of Organizational Behavior*, 35 (6), 809 – 830.

第五章　激励

5.1　激励概述

- **动机**（Motivation）

  指引起并维持人的行为达到一定目标的内部动因，也称内驱力。

- **内在动机**（Intrinsic motivation）

  指人们被任务本身所吸引或引发的工作动力（包括学习成长和获得成就的乐趣），并与员工的一系列工作态度和行为显著正相关。

- **自主工作动机**（Autonomous work motivation）

  指员工选择工作的原因在于他们享受工作并能从中获得意义。

- **自我提升动机**（Self-improvement motivation）

  指个体员工对他人看法的敏感程度，以及员工调整自己行为以向他人展示良好自我形象的动机水平。

- **亲社会动机**（Prosocial motivation）

  指一个人努力造福他人的愿望。

- **追随动机**（Following motivation）

  指引起和维持个体以领导者为指向，为满足自身需求或受外在因素影响而产生追随行为的心理过程。追随动机的性质和强度决定了追随行为的风格和效果。

- **激励动机**（Inspirational motivation）

  指领导者以乐观的态度表达对

集体的强烈愿景，并通过帮助追随者在集体事业中找到个人意义来激励他们。

- **职业抱负**（Career ambition）

指个体成就动机的主要表现形式，是个体行为的根本驱动力，包括行为的方向、强度和持续性。

- **激励**（Incentive）

指利用某种外部诱因调动人的积极性和创造性，使人有一股内在的动力，向所期望的目标前进的心理过程。激励的含义可从以下两个方面来理解：第一，激励要有一定的被激励对象；第二，激励研究的是如何激发人的行为，并使之在一定方向上保持。

- **有效的激励**（Effective incentive）

指某一激励的实施能够达到预期效果，有效提升员工队伍凝聚力、向心力和整体战斗力。

- **激励三大困境**（Three dilemmas of incentive）

激励三大困境包括激励缺位、激励越位、激励错位。

◇ 激励缺位（Incentive vacancy）

指激励没有覆盖那些短期影响有限但长期影响深远的重要价值活动或时机，导致组织出现战略责任真空、滋生逆向行为。

◇ 激励越位（Incentive offside）

指激励的绩效标准超出个人能够控制的范围，导致善于迎合标准的人常常得到高于其真实贡献的评价和奖励，而专注工作、认真负责的员工可能由不可控的外在因素导致绩效降低而利益受损。

◇ 激励错位（Incentive misalignment）

指激励没有满足组织内部个体的真实诉求，激励的重心偏离了员工的心理需求，导致员工的行为从自我驱动（"我要做"）变成了外在驱动（"要我做"），员工沦为自己行为的旁观者而非亲历者。

- **激励广度**（Incentive breadth）

指对代理人的行为或结果测量和奖励的聚集程度，应作为报酬结构的重要特征，是组织设计时应考虑的重要因素。

- **激励强度**（Incentive intensity）

指通过效价和期望值的相互作

用，某一事物对个体起到的激励作用的大小。

- **激励机制**（Incentive mechanism）

指激励赖以运转的一切办法、手段、环节等制度安排的总称。

- **激励熵**（Incentive entropy）

指假设相对封闭的人员激励系统运动于一定过程中所处的能量状态和发展有序程度状态。

- **激励熵流值**（Incentive entropy value）

指一个非线性的复杂激励系统，一定时期内在其激励熵的作用下产生正熵增，激励体系间的内部协同效应不断减小。

- **激励理论**（Incentive theory）

指主要研究组织怎样影响员工的行为，包括如何激发、引导组织所希望的行为，以及如何约束组织所不希望的行为。

- **综合型激励理论**（Comprehensive incentive theory）

指在内容型激励理论和过程型激励理论研究的基础上，将各种激励理论整合并形成的一种新的激励模型理论。

◇波特和劳勒的综合激励理论（Potter and Lawler's comprehensive incentive theory）

指员工工作绩效的高低受多种因素的影响，包括绩效和奖惩的效价、期望值、个人努力程度、对自己所承担角色的理解程度等。

◇迪尔的综合激励理论（Dill's comprehensive incentive theory）

指人的激励过程是由外在激励和内在激励综合合作的过程。

◇罗宾斯的综合激励理论（Robbins's comprehensive incentive theory）

指如果一个员工感到努力和绩效之间、绩效和奖励之间、奖励和个人目标的满足之间存在密切联系，那么他就会非常努力地工作以实现自己的目标。

- **威胁激励理论**（Menace incentive theory）

指在一个充满竞争压力的环境下通过"威胁"员工的一些既得利益和预期收益、物质以及非物质，甚至是员工的职位能否保住等方面，从而达到员工为摆脱这种威胁而努力工作的激励效果。

5.2 内容型激励理论

- **内容型激励理论**（Content-based incentive theory）

指激励人们行为的特殊因素以及它们如何激起或引发人的行为，它着重对激励的原因及其作用的因素的具体内容进行研究。

- **赫茨伯格双因素理论**（Herzberg's two-factor theory）

指把能促使员工产生工作满意感的因素称为激励因素（又叫内部因素），而把能防止员工产生不满意感的因素称为保健因素（又叫外部因素）。

◇激励因素（Incentive factors）
指能促使员工产生满意感的一类因素。

◇保健因素（Hygiene factors）
指能促使员工产生不满意感的一类因素。

- **需要**（Need）

指个体在某一时刻体验到某种有价值的东西不足或缺乏的一种主观状态，它是客观需求的反应。不足可能是生理上（如对食物的需要）、心理上（如对自尊的需要）或者社会性的（如对社会相互关系的需要）。

- **马斯洛需求层次理论**（Maslow's hierarchy of needs）

指假设每个人内部都存在五种需要层次：生理需要、安全需要、社会需要、尊重需要以及自我实现需要。当任何一种需要基本上被满足之后，下一个需要就成为主导需要。

◇生理需要（Physiological needs）
指人类最原始的基本需要，衣、食、住、饥、渴、性等方面的生理机能的需要。

◇安全需要（Security needs）
指人保障自身安全、工作安全和财产安全等方面的需要。

◇社交需要（Social needs）
指社交欲和归属感。社交欲说明人需要获得别人的同情、安慰和支持，需要友谊、伙伴和爱情，孤家寡人、离群索居是痛苦的。归属感说明人渴望有所归属，希望成为某群体中的一员。

◇尊重需要（Esteem need）
指自尊和尊重他人。自尊包括对信心、力量、独立和自由以及成就的愿望；尊重他人包括对其名誉或声望、地位等的认可、关注和赞扬。

◇自我实现需要（Self-actualization need）

指一种追求个人能力极限的内在驱动力，包括成长、发挥自身潜力和自我实现等需求。

◇麦克利兰成就需要理论（Achievement need theory）

指美国哈佛大学教授戴维·麦克利兰提出的著名的"三种需要理论"，认为个体在工作情境中有三种重要的动机或需要：成就需要、权力需要、归属需要。

◇成就需要（Achievement needs）

指争取成功、希望做得最好的需要。因而人们更为看重工作中的成就感，而非物质激励。

◇权力需要（Power needs）

指影响或控制他人且不受他人控制的需要。这种对影响力的渴求程度是因人而异的。

◇归属需要（Ownership needs）

指人对从属某个群体或组织、与人交往、被人接纳、获得情感（如关心、友爱、爱情）等方面的需要。

- **奥尔德弗的 ERG 理论**（Alderfer's ERG theory）

指人的需要分为三类：生存需要（existence needs）、关系需要（relatedness needs）和成长需要（growth needs），简称 ERG 理论。

◇生存需要（Existence needs）

指人为获得生存产生的各种需要，包括各种生理需要，衣、食、住、行，以及关于工作的岗位、报酬、环境和条件等方面的需要。

◇关系需要（Relatedness needs）

指涉及社会环境的关系，包括爱或归属感、亲和性以及安全或尊重等有意义的人际关系。

◇成长需要（Growth needs）

指个体在事业、工作、前途等方面要求发展的需要。

- **目标层级**（Goal hierarchies）

指员工的动力来自目标层次，他们追求的目标从低层次的短期目标到高层次的长期目标。

- **期望贡献**（Expected contributions）

指雇主期望员工能以设计好的、令人满意的工作行为、目标和态度为公司做出贡献。

- **个人目标**（Individual's goal）

指期望结果的心理表征并不是孤立存在的，而是在分层组织的网络中,随着时间的推移,由于人、环境和表观遗传力量之间不断的相互作用而发展和修改的。

5.3　过程型激励理论

- **过程理论**（Process theory）

指试图确定构成激励以及影响行为和行动所需措施之间的动态变量关系。

- **过程型激励理论**（Process incentive theory）

指着重对人从动机产生到采取行动的心理过程进行研究的理论。主要包括期望理论（expectancy theory）、公平理论（fair theory）、自我决定理论（self decision theory）、目标设置理论（goal setting theory）等。

- **期望理论**（Expectancy theory）

指个人行为倾向的强度取决于个体对这种行为可能带来的结果的一种期望度,以及这种结果对行为的个体来说所具有的吸引力。期望理论用公式表示为:激励力量（M）＝目标价值（V）×期望值（E）。

◇**激励力量**（Incentive power）

指产生行为动机的强度,也就是调动人的积极性,激发个性潜能的强度。

◇**目标价值**（Goal value）

指个体对某种结果的效用价值的判断,即某种目标结果对个体所具有的价值和重要程度的评价。

◇**期望值**（Expectancy）

指个体对通过自己努力达到某种结果的可能性大小的一种预期和判断。期望值是个体主观上达到目标的可能性。

- **自我决定理论**（Self-determination theory）

指由美国心理学家爱德华·L.德西和查理·M.瑞恩等人提出的一种关于人类自我决定行为的动机过程理论,该理论假设人是积极的有机体,具有与生俱来的心理成长和发展动力,并提出,人们喜欢感到自己对事物具有控制力。自我决定理论把动机当作一个连续体,动态地观察各种动机类型。

- **目标设置理论**（Goal setting theory）

指从行为的目的性出发对行为动机进行研究的一种激励理论。目标设置理论认为，目标是人们行为的最终目的，是人们预先规定的，合乎自己需要的"诱因"，是激励人们的有形的、可以测量的成功标准。

- **公平理论**（Fair theory）

指个人将自己的投入与报酬之比和他人进行比较，得出反馈，并影响其下一步的努力。即员工的工作动机不仅受到其所得绝对报酬的影响，也受到相对报酬的影响。

- **公平**（Fair）

指员工在组织中感到与他人关系平等。

- **不公平**（Unfair）

指员工在组织中感到与他人关系不平等。

- **组织公正**（Organizational justice）

指个体对组织对待他们的公平程度的感知，包括结果公平、程序公平和互动公平三种基本类型。

◇结果公平（Distributive justice）
指员工对参与过程之后获得的待遇、分配等的公平性感知。

◇程序公平（Procedural justice）
指员工对用来确定结果分配的程序或办法的公平性感知。

◇互动公平（Interactional justice）
指个人所感知到的人与人之间交往的质量，包括人际公平和信息公平。

- **人际公平**（Interpersonal fairness）

指在执行程序或决定结果时，权威或上级对待下属是否有礼貌，是否考虑到对方的尊严，是否尊重对方的人格等。

- **信息公平**（Information fairness）

指是否给当事人传达了应有的信息。

- **分配公平**（Distributive fairness）

指人们对组织上奖励和其他有价值结果分配公平程度的感受。

- **目标管理理论**（Goal management theory）

指的是现代管理学之父彼得·德鲁克以目标设置为基础，根据目标设置理论提出的新的目标激励方案。德鲁克认为，组织中的目标可以分解成战略性目标、策略性目标以及方案和任务。其中，战略性目标由组织的高层管理者制定，涉及一些对组织成功具有关键意义的问题；策略性目标为相对次一级目标，具有复杂程度和层次高低的不同；方案和任务是一般工作人员为其本身的工作而制定的目标。

- **目标难度**（Goal difficulty）

  指目标的挑战性和达到目标所需的努力程度。

- **目标具体性**（Goal specificity）

  指目标的清晰度和准确度。

- **产出**（Output）

  指个体在组织中得到的回报。

- **结果**（Result）

  指由行为水平可能产生的任何事情。

- **关键激励目标**（Key motivational goals）

  指在企业发展研究中为了获取成就和地位，激发员工动机及引导员工行为的目标。

- **情境性调节聚焦**（Situational adjustment focus）

  指个体受当前外界情境刺激的

影响而启动的一种暂时性的动机倾向。

- **习得性无助**（Learned helplessness）

  指个体体验了重复性不可控的失败事件后，产生了任由摆布和对预期无望的消极心理状态。

- **智力激励**（Intellectual stimulation）

  指领导者挑战假设、承担风险和征求追随者意见的程度；领导者通过改变追随者的认知结构、信仰和价值观来改变他们，并激发他们的创造力。

5.4 调整型激励理论

- **调整型激励理论**（Adjusted incentive theory）

  指调整和转化人的行为，着重达到激励的目的。主要包括强化理论（reinforcement theory）、挫折理论（setbacks theory）等。

- **强化**（Reinforcement）

  指试图通过给予积极结果或消

极结果的方法，来发展或加强受欢迎行为的尝试。

- **强化理论**（Reinforcement theory）

　　指的是行为主义的观点，认为强化塑造行为，行为由环境导致，个体不必考虑内在的认知活动，可以运用正强化或负强化的方法来影响行为的效果，从而引导和控制、改造其行为，更好地为组织目标服务。

- **强化物**（Reinforcement thing）

　　指能影响行为频率的刺激物。

- **正强化**（Positive reinforcement）

　　指在期望的行为发生后，提供令人快乐的结果，即对期望的行为进行奖励。

- **负强化**（Negative reinforcement）

　　指当某种不符合要求的行为有了改变时，减少或消除施加于其身的某种不愉快的刺激批评、惩罚等，从而使其改变后的行为再现和增加。

- **连续强化**（Continuous reinforcement）

　　指行为每出现一次就给予强化。

- **间断强化**（Intermittent reinforcement）

　　指在行为出现若干次后才给予一次强化。

- **自然消退**（Extinction）

　　指对员工的某种行为不予理睬，以表示对该行为的轻视或某种程度的否定，从而减少员工的某种行为。

- **惩罚**（Punishment）

　　指以某种带有强制性和威胁性的结果（如批评、降薪、降职、罚款、开除等）来创造一种令人不快甚至痛苦的环境，以表示对某些不符合要求行为的否定，从而消除这种行为重复发生的可能性。

- **挫折理论**（Frustration theory）

　　指由挫折感导致的心理自卫的理论，该理论可追溯到20世纪著名的奥地利心理学家弗洛伊德创立的精神分析学说。

- **心理自卫**（Psychological self-defense）

　　指由挫折和挫折感导致心理紧

张，为消除或缓解心理紧张出现的防卫性的心理反应。

- **行为矫正型激励理论**（Behavioral corrective incentive theory）

指矫正个体的行为使之朝向实现组织目标，重点研究激励的目的。

- **条件刺激**（Conditioned stimulus）

指原本不能引起个体条件反射的一类刺激，又称中性刺激。

- **非条件刺激**（Unconditioned stimulus）

指能够引起个体本能反应的一类刺激。

- **古典条件反射**（Classical conditioning）

指与非条件刺激联系在一起的条件反射形成后的一种简单的学习形式。

- **操作性条件反射**（Operational conditioning）

指行为是结果的函数，个体的行为会随着结果的变化而变化。

5.5　激励的应用实践

- **正激励**（Positive incentive）

指用某种正面的结果，譬如认可、赞赏、增加工资、提升和改造一种令人满意的环境等，以表示对员工行为的肯定。

- **负激励**（Negative incentive）

指对员工不良的行为和业绩，采用某种负面的结果，譬如批评、扣发或少发工资、降级处分等来表示对员工行为的否定。

- **内在激励**（Intrinsic incentive）

指从工作本身得到的某种满足，如对工作的爱好、兴趣、责任感、成长感等，这种满足能促使员工努力工作，积极进取。

- **外在激励**（Extrinsic incentive）

指外部的奖励和在工作以外获得的间接满足，如劳保、工资等。

- **目标激励**（Target incentive）

指通过将组织的整体目标转化为组织单位和个人的具体目标，组织实现了管理的目的，通过设立具体目标与绩效反馈激励员工的工作积极性，并根据组织的目标不断调整自己的行为。

● **行政激励**（Administrative incentive）

指组织为了激励组织成员的工作积极性、创造性，增强其责任心和荣誉感，提高工作效率和质量，依据有关规章制度，运用行政手段对表现突出或有贡献的成员给予物质和精神激励。

● **认可激励**（Recognition incentive）

指领导者认可员工的成绩从而对员工进行激励的行为，是非货币激励的典型代表，它是总体薪酬的一个重要组成部分。

● **薪酬激励**（Pay incentive）

指企业通过将员工的工作表现与酬劳挂钩，激发员工的工作热情，薪酬对员工而言，不仅仅是工作的报酬，更是衡量自身价值的标准，代表了企业对其的认同程度。

● **持股激励**（Shareholding incentive）

指让企业管理者、员工持本企业的股票，它是一种带有长期性质的激励方式，其具体方式有购股、增股、转股、干股、期股。

● **工作激励**（Work incentive）

指激发工作人员的责任感、主动性和工作热情。

● **事业激励**（Career incentive）

指员工所从事的工作给员工自己带来的激励，包括工作目标激励、工作过程激励和工作完成激励三个部分。

◇**工作目标激励**（Job goal incentive）

指由员工自己或企业有关部门提出具体目标并产生激励作用。

◇**工作过程激励**（Work process incentive）

指以员工工作本身具有的重要性、挑战性、趣味性、培养性等，激励员工珍惜并努力干好自己的工作。

◇**工作完成激励**（Work completion incentive）

指员工完成工作任务时产生的对组织、社会和国家的贡献意识，对自己的抱负和价值得到实现的自豪感，自己能力得到发挥的得意感，以及由此而产生的成熟感、成就感等，使员工内在性需要得到满足而产生的激励。

● **典型激励**（Typical incentive）

指通过典型人物激励组织成员行动。典型激励具有可感性、可知性、可见性、可行性，说服力强、号召力大，能够激励斗志，鼓舞士气，起到潜移默化的作用。

● **个人荣誉激励**（Personal honor incentive）

指通过对做出一定成绩和贡献的个人授予相当的荣誉称号，并在一定的范围内加以表彰和奖励，以表示组织对个人成就的认可和褒奖，鼓励组织成员为取得相应的荣誉而努力工作，并使个人产生一种成就感和自我实现的心理状态。

● **集体荣誉激励**（Collective honor incentive）

指通过表扬，奖励集体来激发人们的集体意识，使集体成员产生强烈的荣誉感、责任感和归属感，从而形成维护集体荣誉的向心力。

● **危机激励**（Crisis incentive）

指将组织面临的危难、不利条件和困难告诉组织成员，使之产生一种危机感，形成一种不进则退、置之死地而后生的竞技状况，使组织成员奋发进取，拼搏向上，勇往直前。

● **组织文化激励**（Organizational culture incentive）

指利用组织文化的特有力量，激励组织成员向组织期望的目标行动。

● **憧憬－目标管理**（Management by vision and objective）

指企业通过设置憧憬和目标来进行管理。

● **激励潜能分数**（Motivating potential score）

指用来衡量工作激励性的预测性指标。

● **参与管理**（Participative management）

指在不同程度上让员工和下属参与组织的决策过程以及各级管理工作。

● **代表参与**（Representative participation）

指由一小部分员工代表参与组

织内部涉及员工切身利益的经营方针、权力分配、人事安排、劳动报酬和福利待遇等决策的制度安排。

- **基本薪酬**（Basic salary）

指一个组织根据员工所承担或完成的工作本身、所具备的完成工作的技能或能力和资历而向员工支付的稳定性报酬。

- **奖金**（Bonus）

指根据员工是否达到或超过某种事先建立的标准、个人或团队目标或者公司收入标准而浮动的报酬，是在基本工资的基础上支付的可变的、具有激励性的报酬。

- **福利**（Welfare）

指企业为满足劳动者的生活需要，在工资收入之外，向员工本人及其家属提供的货币、实物及一些服务形式。

- **浮动工资方案**（Variable-pay program）

指有别于根据工作时间或资历决定工资的传统方案而将工资的一部分与个人或组织的绩效水平挂钩的工资方案。

- **可变薪酬方案**（Variable-pay program）

指将员工的一部分薪酬与个体或组织的一些绩效测评方法结合起来的方案。

- **计件工资方案**（Piece-rate pay plan）

指在每一个生产单元结束后支付一定数额的薪酬。

- **绩效工资方案**（Performance pay program）

指根据员工实际的、最终的劳动成果确定员工薪酬的工资制度方案。

- **技能工资方案**（Skill-based pay program）

指岗位工资的一种替代方案，它根据个体掌握的技能或能够从事的工作数量来确定工资水平。

- **收入分成方案**（Gain-sharing plan）

指一种以特定公式为基础的群体激励方案，它利用群体工作效率的提高来决定用于分配的工资总额。

- **收益分享**（Gainsharing）

  指一种基于公式计算的群体激励计划，利用群体生产率从一个时期到另一个时期的提高来决定员工可以分配的总金额。

- **利润分享方案**（Profit-sharing plan）

  指根据某个围绕公司盈利能力的特定准则，在全公司范围内分配薪酬的一种方案。

- **员工持股计划**（Employee stock ownership plan）

  指公司制定的一项员工福利措施，允许员工以低于市场价格购买本公司的股票。

- **灵活福利**（Flexible benefit）

  指通过让员工自己选择报酬组合来最好地满足员工当前的需求或状况，从而为员工提供个性化的报酬。

- **服务绩效奖励**（Service perform-ance award）

  指员工因给顾客提供优质服务而获得的额外收入。

- **绩效工具性感知**（Performance instrumental perception）

  指能够获得有价值的结果（如加薪）的程度，它反映的实质就是员工对工资与绩效关联性程度的主观感受。

- **任务绩效**（Task performance）

  指个体完成核心工作任务的效果和效率。

- **激励性薪酬**（Incentive compen-sation）

  指一种依赖于满足企业特定绩效目标的薪酬，是代理理论统一规定的，在任何情况下都鼓励管理者承担风险。

- **薪酬感知域差**（Salary domain discrepancy）

  指反映离职决策中外部工作机会与现有工作机会薪酬属性的比较。

- **工作设计**（Job design）

  指将各种任务组合起来构成全部工作的方法。

- **工作范围**（Job scope）

  指在一个工作中需要的工作任

务数量以及这些任务被重复的频率。

- **工作扩大化**（Job enlargement）

指通过扩大工作范围而使工作横向扩展的工作设计方法。

- **工作丰富化**（Job enrichment）

指通过增加计划和评估责任而使工作纵向扩展的工作设计方法。

- **工作特征模式**（Job characteristics model）

指可以用5种核心的工作维度（技能多样性、任务完整性、任务重要性、工作自主性和工作反馈）对所有工作加以描述。

◇技能多样性（Skill variety）

指一项工作中要求员工使用各种技能和才干以完成不同类型活动的程度。

◇任务完整性（Task identity）

指一项工作中要求完成一项完整的和可识别的任务的程度。

◇任务重要性（Task significance）

指一项工作对员工生活或其他人工作的实际影响程度。

◇工作自主性（Autonomy）

指一项工作给任职者在安排工作内容、确定工作程序方面，实际上提供了多大的自由度、独立性及自主性。

◇工作反馈（Feedback）

指员工在完成任务的过程中，可以直接而明确地获得有关自己工作绩效信息的程度。

- **弹性工作制**（Flexible working system）

指在保证规定的上班实现的条件下，每天除了在规定时间内员工必须全部在工作岗位上，其余的时间可以根据每个员工的需要自行安排的一种管理方法。

- **轮岗**（Job rotation）

指周期性地让员工调离一项任务，从事相同组织层级中要求具备相似技能的另一项任务。

- **工作分担制**（Job sharing）

指两个人或多个人共同分担一个传统意义上每周40个小时的工作。

- **工作投入**（Job engagement）

指员工为了工作绩效而投入的体力、认知和情绪方面的能量。

- **员工参与**（Employee involvement）

指一种参与过程，利用员工对工作的投入来增强他们对组织成功的承诺。其隐含的逻辑基础是：如果让员工参与那些能够让他们产生影响的决策，并增加其对工作生活的自主权和控制程度，那么他们会变得更有积极性，对组织的承诺及生产率更高，对自己的工作感到更加满意。

- **质量圈**（Quality circle）

指一种常见的员工卷入计划形式。

- **远程办公**（Teleworking）

指一种可供替代的工作安排，允许员工在其工作时间表的某些部分时间使用信息和通信技术，以便在主要或通常工作空间（办公室或工作站）以外的地方执行任务。

- **工作资源**（Job resources）

指工作的身体、社会或组织方面（例如反馈、社会支持、发展机会），可以减少工作需求（例如工作量、情绪和认知需求），帮助员工实现工作目标，并刺激个人学习和发展。

- **工作复杂性**（Job complexity）

指工作任务复杂、难以完成的程度。一份复杂的工作需要大量高级技能的运用，且对心理的要求更高、更具挑战性。

- **工作重塑**（Job crafting）

指员工为了改善自身的工作而采取的对工作的结构、社会及认识等层面的改变措施。

- **挫折心理**（Frustration psychology）

指个体在先体验到奖赏又体验到无奖赏时的心理状态。

- **环境因素**（Envirnmental factor）

指阻碍个体目标达成，从而使个体产生挫折心理的外界事物或情境。

- **个体自身因素**（Individual factor）

指阻碍个体目标达成，从而使个体产生挫折心理的个体自身因素。

- **有因缺勤**（Absence for a reason）

指员工提出适当的理由向有关

上级申请，得到有关上级同意才不来上班的一种行为。

- **无故缺勤**（Absence without cause）

指员工没有经过有关上级的同意，但不来上班的一种行为。

- **申请后无故缺勤**（Unexcused absence after application）

指员工向有关上级提出申请，但未获批准就不来上班的一种行为。

- **无申请无故缺勤**（No application for unexcused absence）

指员工没有向有关上级提出过申请就擅自不来上班的一种行为。

- **辞职**（Resignation）

指员工主动提出的要求离开企业的一种行为。

- **除名**（Expulsion）

指企业要求员工离开本企业的一种行为。

- **扣留固定物品**（Withholding of fixed objects）

指用有限的方式使用员工的典型物品以剥夺员工权利的管理行为。

- **精神宣泄法**（Spiritual venting）

指创造一种适宜的条件或环境，通过让受挫者自由表达压抑在内心的不满情绪来缓解挫折心理的一种方法。

- **心理咨询法**（Psychological counseling）

指企业聘请职业心理学家为受挫的员工进行心理疏导和纠偏，减轻其心理挫折的一种方法。

引用文献

书籍：

[1] 陈春花，杨忠，曹洲涛．（2016）．组织行为学（第3版）．机械工业出版社．

[2] 关培兰．（2015）．组织行为学（第4版）．中国人民大学出版社．

[3] 胡君辰，吴小云．（2010）．组织行为学．中国人民大学出版社．

[4] 李爱梅，凌文辁．（2015）．组织行为学（第2版）．机械工业出版社．

[5] 劳里·马林斯，吉尔·克里斯蒂．（2015）．组织行为学精要（第3版）．清华大学出版社．

[6] 詹姆斯·坎贝尔·奎克，戴布拉·尼尔森．（2013）．组织行为学：现

实与挑战（第 7 版）.清华大学出版社.

[7] 聂锐，芈凌云，吕涛.（2008）.管理学.机械工业出版社.

[8] 斯蒂芬·P.罗宾斯.（2016）.组织行为学精要（原书第 13 版）.机械工业出版社.

[9] 斯蒂芬·罗宾斯.（2016）.组织行为学（原书第 16 版）.中国人民大学出版社.

[10] 张德，陈国权.（2011）.组织行为学（第 2 版）.清华大学出版社.

期刊：

[1] 包燕萍.（2018）.人性本能激励.企业管理，（07），40 – 41.

[2] 陈丽芬.（2015）.绩效评估公平、工资系统认知与绩效工资公平关系研究：兼论绩效工具性感知的中介效应.管理工程学报，29（1），8 – 19.

[3] 法玉琦，余瑞祥.（2014）.激励广度在组织设计中的作用研究.企业管理，（07），119 – 121.

[4] 侯烜方，卢福财.（2018）.新生代工作价值观、内在动机对工作绩效影响——组织文化的调节效应.管理评论，30（4），157 – 168.

[5] 李超平，毛凯贤.（2018）.变革型领导对新员工敬业度的影响：认同视角下的研究.管理评论，30（7），138 – 149.

[6] 刘纯.（2003）.激励的动态饰与评价.管理工程学报，17（1），79 – 83.

[7] 马君，薛颖.（2017）.高效执行力的原力密码——从"要我做"到"我要做".企业管理，（07），49 – 51.

[8] 马君，夏唯伟，闫嘉妮.（2018）.以史为鉴，破解激励三大困局.企业管理，（10），49 – 52.

[9] Quy, H.T.，张昊民，马君.（2016）.习得性无助、精神型领导与科技创新型人才创造力的关系研究.科学管理研究，（3），101 – 104.

[10] 魏钧，董玉杰.（2017）.团队断裂带对员工绩效的影响：一项跨层次研究.管理工程学报，31（3），11 – 18.

[11] 徐红丹，曹元坤.（2015）.追随动机研究述评及展望.中国人力资源开发，（15），16 – 23.

[12] 薛倚明，朱厚强，邱孝一，时勘.（2017）.管理熵理论应用于 ht 信托公司员工激励的实证分析.管理评论，29（8），147 – 155.

[13] 熊冠星，李爱梅，王笑天，蔡晓红，魏子晗.（2017）.员工"薪酬感知域差"与离职决策研究——基于"齐当别"决策模型视角.管理评论，29（9），193 – 204.

[14] 《中国人力资源开发》编辑部.（2015）.认可激励提升企业竞争优势——访中国人民大学劳动人事学院副教授文跃然.中国人力资源开发，（2），12 – 15.

[15] Bruning, P. F.，& Campion, M. A.（2018）. A role-resource aProach-avoidance model of job crafting: a mul-

timethod integration and extension of job crafting theory. *Academy of Management Journal*, 61 （2）, 499 – 522.

［16］ Bass, B. M. （1985）. Leadership and performance beyond expectations. *Academy of Management Review*, 12 （4）, 5244 – 5247.

［17］ Chng, D. H. M. , & Wang, J. C. Y. （2016）. An experimental study of the interaction effects of incentive compensation, career ambition, and task attention on chinese managers' strategic risk behaviors. *Journal of Organizational Behavior*, 37 （5）, 826 – 30.

［18］ Chen, X. , & Latham, G. P. （2014）. The effect of priming learning vs. performance goals on a complex task. *Organizational Behavior & Human Decision Processes*, 125 （2）, 88 – 97.

［19］ Chun, J. U. , Cho, K. , & Sosik, J. J. （2015）. A multilevel study of group-focused and individual-focused transformational leadership, social exchange relationships, and performance in teams. *Journal of Organizational Behavior*, 37 （3）, 374 – 396.

［20］ Dreu, C. K. , Nijstad, B. A. , & van Knippenberg, D. （2008）. Motivated information processing in group judgment and decision making. *Personality and Social Psychology Review*, 12 （1）, 22 – 49.

［21］ Fieldler, K. （2007）. Construal level theory as an integrative framework for behavioral decision-making research and consumer psychology. *Journal of Consumer Psychology*, 17, 101 – 106.

［22］ Frank, J. D. （1935）. Individual differences in certain aspects of the level of aspiration. *The American Journal of Psychology*, 47 （1）, 119 – 128.

［23］ Guillaume, Y. R. , Dawson, J. F. , Otaye-Ebede, L. , Woods, S. A. , & West, M. A. . （2017）. Harnessing demographic differences in organizations: what moderates the effects of workplace diversity? . *Journal of Organizational Behavior*, 38 （2）, 276 – 306.

［24］ Hackman, J. R. , & Oldham, G. R. （1975）. Development of the job diagnostic survey. *Journal of Applied Psychology*, 60, 159 – 170.

［25］ Higgins, E. T. （2005）. Value from regulatory fit. *Current Directions in Psychological Science*, 14 （4）, 209 – 213.

［26］ Jan Alexander Häusser, Stefan Schulz-Hardt, Schultze, T. , Tomaschek, A. , & Mojzisch, A. . （2014）. Experimental evidence for the effects of task repetitiveness on mental strain and objective work performance. *Journal of Organizational Behavior*, 35 （5）, 705 – 721.

［27］ Johns, G. , & Hajj, R. A. （2016）.

Frequency versus time lost measures of absenteeism: is the voluntariness distinction an urban legend? . *Journal of Organizational Behavior*, 37 (3), 456 –479.

[28] Nohe, C. , Michel, A. , & Sonntag, K. (2014) . Family-work conflict and job performance: a diary study of boundary conditions and mechanisms. *Journal of Organizational Behavior*, 35 (3) .

[29] Ng, T. W. H. , & Lucianetti, L. (2016) . Goal striving, idiosyncratic deals, and job behavior. *Journal of Organizational Behavior*, 37 (1), 41 –60.

[30] Paustian-Underdahl, S. C. , & Halbesleben, J. R. B. (2014) . Examining the influence of climate, supervisor guidance, and behavioral integrity on work-family conflict: a demands and resources a Proach. *Journal of Organizational Behavior*, 35

(4), 447 –463.

[31] Williams, L. J. , & Anderson, S. E. (1991) . Job satisfaction and organizational commitment as predictors of organizational citizenship and in-role behaviors. *Journal of Management*, 17 (3), 601 –617.

[32] Yun, S. , Takeuchi, R. , & Liu, W. (2007) . Employee self-enhancement motives and job performance behaviors: investigating the moderating effects of employee role ambiguity and managerial perceptions of employee commitment. *Journal of Applied Psychology*, 92 (3), 745 –756.

[33] Yong Zhang, Lirong Long, Tsung-Yu Wu, &Xu Huang. (2015) . When is pay for performance related to employee creativity in the Chinese context? The role of guanxi HRM practice, trust in management, and intrinsic motivation. *Journal of Organizational Behavior*, 36 (5), 339 –357

第六章　群体行为

6.1 群体的概念及分类

- **群体**（Group）

指为实现特定目标而组合到一起并形成互动和相互依赖关系的两个或更多个体。其特征（或条件）列述如下：（1）有明确的成员关系；（2）有持续的互动关系；（3）有共同的规范；（4）有共同的目标导向。

- **集体**（Collective group）

是群体发展的最后阶段，集体的存在不仅对个人有意义，而且对整个社会有意义。集体的目的与社会要求的根本利益一致，对社会对人类都有积极有益的作用，真正的集体应该兼顾个人、集体和国家三者的利益。因此，集体具有组织上和心理上的团结一致的特点。任何集体都是群体，但不是任何群体都可以称为集体。

- **群体规模**（Group size）

指一个群体中成员的数量。

- **群体成员结构**（Group membership structure）

指群体成员的组成部分。群体成员结构可以分为年龄结构、能力结构、知识结构、专业结构、个性结构、价值观结构等。

- **大群体**（Large group）

指成员人数超过 12 人，组织结构复杂，成员与成员之间缺乏直接的联系和依赖关系，以共同的活动任务间接地发生联系的群体。

- **小群体**（Small group）

指成员人数少于或等于 12 人，

成员彼此之间存在直接的联系，建立起情感和情绪上相互作用关系的群体。

- **正式群体**（Formal group）

指由组织结构界定的、根据工作岗位来确定工作任务的群体。正式群体有既定的目标，明确的责任分工，固定的编制，规定的权利和义务。在正式群体中，个体成员的行为由组织目标来规定，并且致力于实现组织目标。

- **非正式群体**（Informal group）

指那些既没有正式结构，也不是由组织指定的群体，它们是员工为了满足社交需求而在工作环境中自然形成的组合。

- **初级群体**（Primary group）

指具有面对面交往和合作特征的群体。

- **次级群体**（Secondary group）

指人类经由社会契约建立的有目的有组织的社会群体。

- **短期群体**（Short-term group）

指维持时间在一周之内的群体。

- **职能群体**（Functional group）

指由组织结构规定的群体，其目标是组织长远的主要目标，如公司中的部门、工厂中的车间、学校中的班级等。一般来说，职能群体是企业中的主要群体。

- **工作群体**（Work group）

指成员进行互动主要是为了共享信息和制定决策，帮助每个成员更好地完成自己的职责的群体。工作群体中不存在一种积极的协同作用使群体的总绩效大于个体绩效。

- **休闲群体**（Leisure group）

指群体活动主要安排在休闲时间的群体。

- **假设群体**（Assumed group）

又可以称为名义群体或统计群体，它指那些名义上存在，只是为了研究和分析的需要而人为地划分出来的群体。

- **协作群体**（Collaboration group）

指为了调节群体成员在观念、思想上存在的冲突或为了某种解决问题的机会和条件而形成的群体。

- **交互群体**（Interactive group）

指群体的目标只有在每个成员完成各自的项目相关工作后才能实现的群体。

- **紧密群体**（Intimate group）

指成员之间关系相当紧密的群体。

- **松散群体**（Diffusing group）

指人们只在时间和空间上结成的群体，但群体成员之间并没有共同活动的内容、目的和意义。

- **参照群体**（Reference group）

指人们会遵从自己意愿所从属的重要群体或者希望加入的群体。参照群体又称标准群体或示范群体，群体的标准、目标和规范可以成为人们行为的指南，成为人们努力追求的标准和学习的榜样。

- **一般群体**（General group）

相对于参照群体而言，一般群体指那些大量存在于社会上的不足以成为人们行为楷模的普通群体。

- **有效群体**（Effective group）

指能满足绩效、群体成员满意度、群体学习、外部满意度这四个方面要求的群体。

- **共同作用群体**（Interaction group）

指群体中每个成员工作任务的完成依赖于群体的共同作用的群体。

- **共同行动群体**（Coacting group）

指当群体成员暂时性相对独立完成他们的工作时形成的共同行动群体，这里"相对独立"和"暂时性"表明：没有长期意义上的相互依赖就不会有共同行动群体。

- **友谊型群体**（Friendship group）

指那些因为兴趣、观点等相同或相近而走到一起的人形成的群体，如摄影小组、书画协会等群体。

- **任务型群体**（Task group）

指为完成某项工作任务或课题而在一起工作的群体。它是由组织结构决定的，由来自组织各个部门、各个层次的人员组成。它并不限于直接的上下级关系，可能会跨越这种命令关系。

- **命令型群体**（Command group）

  指直接对某主管负责、向某主管报告工作的下属同其主管之间构成的群体。

- **利益型群体**（Interest group）

  指为了实现共同的目标或利益而组成的群体。

- **开放型群体**（Open group）

  指成员变动频繁，来去自由，成员之间权利和地位不确定，与外界联系较亲密，内部联系相对松散的群体。

- **封闭型群体**（Closed group）

  指成员相对稳定，变化较少，内部权力和地位明确，成员等级关系严格的群体。

- **抵制性群体**（Counteracting group）

  指群体成员相互作用以解决某些类型的冲突时产生的群体，例如劳动和管理层协商群体。

- **同质性群体**（Homogeneous group）

  指由具有共同特征的个体所组

成的群体。

- **异质性群体**（Heterogeneous group）

  指由不同特征的个体所构成的群体。

- **社会群体**（Social group）

  指以彼此行为的共同要求为基础，并按照一定的组织形式进行社会互动的集体。

- **特别工作组**［Task force（TF）］

  指一个临时性的群体，它由来自不同部门的代表组成，它的存在时间取决于问题得以解决的时间。

- **网络虚拟社群**（Online virtual community）

  指一个供人们围绕某种兴趣或需求集中进行交流的地方，它通过网络来创造社会和就业价值。它是由具有共同兴趣及需要的人，利用网络传播的特征，通过网上社会互动满足自身需要而构筑的新型的生存与生活空间。

- **品牌社群**（Brand community）

  指建立在使用某一品牌的消费者之间的一整套社会关系基础上的

一种非地理意义的专门化社群。

- **在线品牌社群**（Online brand community）

  指一种没有地域限制的、特殊的消费者组成的群体，因为使用了同一品牌而形成了特定的社会关系。

6.2 群体属性

- **群体属性**（Group attribute）

  指对群体内部的个体间的关系进行调节从而进一步影响和塑造群体成员的行为属性。群体属性变量主要包括：角色、群体规范、地位、群体规模、群体凝聚力和多样性。

  ◇角色（Role）

  指人们对于在某个社会单元中占据特定位置的个体所期望的一套行为模式。不管在工作内外，我们都需要扮演多种不同的角色。

  ◇群体规范（Norms of group）

  指群体成员共同接受的一些行为标准。群体规范一旦被成员认可并接受，就能影响成员的行为，只需要最低限度的外部控制。群体规范让群体成员知道自己在一定的环境条件下，应该做什么，不应该做什么。从个体角度看，群体规范意味着在某种情境下群体对个体的行为方式的期望，包括绩效规范、形象规范、社交规范和分配规范。

  ◇地位（Status）

  指他人对群体或群体成员的位置或层级进行的一种社会界定。

  ◇群体规模（group size）

  指一个群体人数的多少，群体规模是影响群体整体行为的一个重要因素。

  ◇群体凝聚力（Group cohesiveness）

  指群体吸引其成员，把成员聚集于群体中并整合为一体的力量。群体对成员的吸引力以及成员对群体的向心力共同构成了群体的凝聚力。

  ◇多样性（Diversity）

  指群体成员在多大程度上相似或彼此不同。随着时间的推移，如果能够克服最初的冲突，多样性的群体可能会表现得更好。

- **角色知觉**（Role perception）

  指个体对于自己在特定情境中应该如何表现的认识和了解。

- **群体角色感**（Sense of group role）

  指群体内某一成员因长期担任

某种角色而逐步形成的特有的心理习惯，其言谈、举止、思想和方法均打上"角色"的烙印。

- **角色维度**（Role dimension）

指活动和职责的清晰性、性能期望以及与个人在更广泛的组织中的位置相关的适当行为。

- **角色沉浸**（Role immersion）

指关注并完全参与自己的角色，与流程和内在动机有关。

- **角色扮演**（Role-taking）

指关注对方的角色，并采纳对方的观点，和换位思考有关。

- **角色期望**（Role expectation）

指别人认为你在某个特定情境中应该如何行事。

- **角色认同**（Role identity）

指当环境发生改变导致角色发生改变时，人们能够迅速调整，使自己的态度与个人扮演的角色一致。

- **实干者**（Implementor）

指群体中那些不主动寻求改变，但能够认真完成群体中的工作任务，并且工作务实可靠的人，是群体任务的执行者。

- **协调者**（Coordinator）

指遇事不慌，具有良好的判断能力和情绪控制能力的人，他们能对别人的意见兼容并蓄，很好地协调群体中复杂的人际关系，使群体成员朝着群体目标共同努力。

- **群体间绩效**（Inter-group performance）

指在完成整个组织目标的过程中，群体之间发生大量的相互作用所得到的结果（或产出）。

- **地位结构**（Status structure）

指群体成员之间的一系列职权和任务关系。

- **地位特征理论**（Status characteristics theory）

主要用于解释决定地位的因素，有三个来源：（1）驾驭他人的权力。（2）对群体目标做出贡献的能力。（3）个人特征，具有群体所看重的个人特征的人地位通常稍高。

- **断层**（Fault）

指人们感知到的能够将群体分

为两个甚至更多亚群体的特征，如性别、种族、年龄、工作经验和受教育水平等。

- **断裂带**（Fault zone）

指多样化团队可能存在的一个负面作用，尤其是那些具有表层多样性特征的团队，群体由于某些可见的差异（性别、种族、年龄、工作经验、受教育程度）而分裂成两个或两个以上的小团体。

- **群体价值观**（Group values）

指群体成员在长期的活动中会逐步形成共同的价值取向，即以共有的价值评价为基础看待组织中的人和事。这种群体价值观一经形成，将对群体成员产生无形的巨大影响，群体成员受群体价值观的制约和指导。

- **群体归属感**（Sense of group belongingness）

指群体成员彼此体会到同属某一群体，一致对外，为共同的荣誉而高兴，与共同的敌人做斗争。

- **群体认同感**（Sense of group identity）

指群体成员对一些重大原则问题所持有的共同的认识和评价。

- **群体力量感**（Sense of group strength）

指群体对其成员行为的正强化使其正确行为得到鼓励而产生力量感。

- **群体责任感**（Sense of group responsibility）

指群体成员在实现群体目标中逐步形成的对群体生存与发展的责任观念和担任角色的明确认识，在行动上表现为认真履行职责，关心群体，为群体发展贡献力量。

- **群体的风气**（Group atmosphere）

指群体在工作生活中逐步形成的、约定俗成的行为习惯和精神面貌，是一种非正式的、非强制性的行为标准。

- **社会助长作用**（Social facilitation）

指生活在群体中的个体在与其他成员交往过程中有助于消除单调、沉闷的心理状态，有助于激发积极的工作及活动动机，提高工作和活动效率。

- **社会致弱作用**（Social weak effect）

指个体在大众面前感到不自在，

感到拘谨，有所顾虑，从而影响行为效果。

- **行为趋同作用**（Behavioral convergence）

指生活在群体中的个体在个性差异方面逐步变小，受群体规范的影响，其行为逐步趋于统一。

- **行为遵从作用**（Behavioral compliance）

指个体按照社会要求、团体规范或别人的意志而做出的行为。这种遵从行为来自两个方面的影响：一是一定的有组织的团体规范影响；二是权威人物的影响。

- **群体生产力**（Group productivity）

指群体成员的工作成果，可以用产品的质量、数量、上市时间、生产效率以及创新程度等来衡量。

- **群体成员满意度**（Group member satisfaction）

指成员通过工作所得到的满足感。

- **外部满意度**（Outsider satisfaction）

指群体满足组织之外的其他相关部门、顾客和供应商需要的程度。

- **"局外人"研究理念**（Outsider philosophy）

指研究主体在科学研究过程中始终将研究主题置于研究对象外，由于局外人"事不关己"，会客观理性地观察和研究问题，避免研究主体的偏见。

- **"局中人"研究理念**（Player philosophy）

指研究主体在科学研究过程中要深入研究对象中，弄清事情的来龙去脉。

- **内部人身份认知**（Perceived insider status）

指员工对自己作为组织成员所获得的个人空间和接受程度的感知，是一种员工、组织间关系的描述。

- **社会心理学身份理论**（Identity theory of social psychology）

指所有人都有多重身份，因为他们扮演着多个角色，并认同多个社会群体。当身份变得对个人"显著"时，身份会塑造行为。当在一般反复出现的情境中调用身份时，身份的子集变得长期显著。根据 Ashforth 的观点，自我是"社会定义的，其定义主要来自个人在某些社会类别中的成员资格或占有率"。

6.3 群体行为

● **群体行为**（Group behavior）

指人们无意识地以"集体规范或多数人意见"为准则进行一致行为的现象。

● **从众**（Conformity）

指人们希望基于群体共识形成对现实的准确认识，与他人发展出有意义的社会关系，并保持良好的自我认识的一种行为。群体能够对其成员施加巨大压力，使其改变自己的态度和行为，以符合该群体的标准。同辈压力就是从众的一个典型表现。

◇**真从众**（True conformity）

是从众的一种形式，真从众又称内化的从众，其特征为表面从众，内心也接受。真从众的个体往往缺乏主见，当他们看到群体中的大多数人倾向于某种观点、态度、行为时，就认为"随大流"一定正确，

所以内心也接受了大多数人的意见。

◇**假从众**（False conformity）

是从众的一种形式，其特征是表面从众，内心却拒绝。假从众的个体往往自己有主见，当他们看到群体中的大多数人倾向于某种观点、态度、行为时，内心还是认为自己的意见是正确的，可是迫于群体的压力，只好从众。

● **趋同性**（Belongingness）

指在社会心理学中，群体情境下，个人受到群体压力，在知觉、判断与行为上，和群体中多数人趋于一致的倾向。

● **群体心理**（Group psychology）

指个体在加入某一群体后产生的各种心理活动的总和。

● **能力扩大化**（Capacity expansion）

指个体加入群体后往往会感觉到群体的支持，进而认为自己的能力突然变强了，会觉得更有力量，因此更敢于冒险和挑战。

● **合理化**（Rationalization）

指成员往往会认为群体行为都是合理的。

- **轻信化**（Credulity）

　　指成员往往轻易相信本群体的道德规范是正确的，较易感情用事，较少理智地去分析群体的规范。

- **排他性**（Exclusiveness）

　　指成员往往把反对本群体的人看作坏蛋、蠢人或弱者，不太愿意与群体以外的人交往。

- **忠诚化**（Loyalty）

　　指群体要求其成员对群体的目标、规范、决策毫不怀疑。

- **趋同化**（Assimilation）

　　指群体要求其成员的行为保持一致，当成员的观点与群体背离时，会无意识地自我调整，以求与群体观点趋同。

- **保护化**（Protection）

　　指成员会自觉地保护群体利益不受侵害，一旦他人或不利群体的信息侵入，成员会群起而攻之。

- **去个性化**（Deindividualization）

　　指个体在群体中或与群体一起从事某种活动时，个体对群体的认同，使个体的个性溶于群体之中，从而失去了自己的个性。

- **个性缺失**（Loss of individuality）

　　指群体中的个体成员丧失了自我意识，以及个体行为中的义务感、责任感和自我约束性。

- **群体士气**（Group morale）

　　指群体中存在的一种齐心协力、高效率地活动的精神状态。

- **群体学习**（Group learning）

　　指各成员通过群体工作所获得的新技能、新方法和良好的行为等。

- **工作场所偏差行为**（Deviant workplace behaviour）

　　也称为反社会行为或职场不文明行为，指违反重要的组织规则从而威胁组织或者其他成员利益的自发行为。

- **社会认定理论**（Social identity theory）

　　认为人们会对自己所属群体的成功或者失败产生情绪，因为他们的自尊同群体的表现是紧密挂钩的。我们往往会因为群体的成绩而感到自豪或者冒犯他人。社会认定能帮助我们理解自己是谁以及我们和他人有哪些共同之处，但它同样有缺陷。社会身份甚至导致人们在看到另一个群体痛苦的时候感到快乐。相似性、独特性、地位和降低不确定性这几个特征会使个人的社会认定变得非常重要。

- **内群体偏爱**（Ingroup favoritism）

  指认为群体内的人要优于群体外的人，而群体外的所有人都是一样的这种现象。

- **时间与目标取向**（Time and goal orientation）

  指群体在工作过程中对时间和目标的看法，不同群体在这方面的不同认知会影响相互间合作共事的难度。

- **社会惰化效应**（Social loafing effect）

  指当群体成员一起完成一项工作时，群体成员所付出的努力会比个体在单独情况下完成任务时偏少的现象。

- **社会促进效应**（Social facilitation effect）

  指当个人与其他人一起工作时，

他人的在场激发了自己的工作动机，由此而引发的绩效水平提高的倾向。

- **社会致弱效应**（Social weakening effect）

  指个体在群体中所取得的工作成效比其单独进行时要差很多的情况。

- **社会标准化效应**（Social standardization effect）

  指成员在群体共同活动中对事物的知觉和判断以及工作的速度和效率趋于同一化的倾向。

- **社会整合理论**（Social Integration）

  认为群体会产生关于有意义行为（如缺勤）的隐含或明确的预期，因为收敛效应，社会整合压力或稳定意图或增强与群体感知规范一致的自我形象。

6.4 群体发展

- **群体发展五阶段模型**（Five-stage group-development model）

  Tuckman 和 Jensen（1977）认为群体的发展要经过五个不同的阶

段，这五个阶段是形成阶段、震荡阶段、规范化阶段、执行阶段和解体阶段。

◇形成阶段（Forming stage）

指群体发展的初始阶段，主要涉及群体成员间的相互认识。成员们要在这一阶段确定加入该群体是否能够满足他们的需要。最后，他们开始确定群体的领导。

◇震荡阶段（Storming stage）

指在群体初步形成之后，群体必须面对一些十分重要的问题的阶段。首先群体必须确定其目标体系及各目标的优先次序。其次应安排成员间进行相互交流，进行相互影响。这一阶段的核心问题是各人应扮演什么样的角色。

◇规范化阶段（Norming stage）

指群体制定出一套规则和角色体系以协调群体活动，同时促进群体目标实现的阶段。这一阶段群体成员间的关系开始亲密起来，群体也表现出一定的凝聚力。

◇执行阶段（Perfoming stage）

在这一阶段，群体成员明白了群体的目标和各自的角色，并制定出用于指导工作的规则。群体在这一阶段完成其绝大部分实质性的工作。

◇解体阶段（Adjouring stage）

一旦群体做出了决定，它常常会终止或解散。在这一阶段，群体开始做解散的准备，注意力放到了群体的首位工作上，高绩效不再是大家关注的焦点。

● **间断－平衡模型**（Punctuated-equilibrium model）

Gersick（1988）提出了群体发展的另一个模型，即间断－平衡模型。该模型认为，群体发展的过程基本上以接近中间的某个时间为分水岭，划分为两个阶段，这两个阶段之间有明显的不同。有明确截止日期的临时群体拥有自己独特的活动（或不活动）顺序：（1）成员们的第一次会议决定了群体的发展方向；（2）第一阶段的群体活动依惯性进行；（3）第一阶段结束时，群体会发生一次巨大转变，这次转变正好发生于该群体生命周期的中间阶段；（4）这次转变会激起群体内的重大变革；（5）转变之后，群体的第二个阶段的活动又会依惯性进行；（6）群体最后一次会议的特点是显著加速的活动。

● **群体动力模型**（Group dynamic model）

是由管理心理学家摩海德和格里芬根据勒温的观点于 1995 年

提出的，该模型理论认为群体的成长有三个阶段：第一阶段，主要涉及群体形成的原因和群体的类型，是群体的诞生阶段；第二阶段，一方面涉及群体发展的四个步骤，另一方面涉及影响成员行为的四个主要因素，是群体的发育阶段；第三阶段，群体有三个鲜明特征，成员也有六个鲜明特点，在此阶段群体在决策和与其他群体相互作用这两方面都比较成熟，是群体的成熟阶段。

- **准停滞平衡**（Quasi-stationary equilibrium）

指人们结成的群体不是静止不变的，而是处于一个不断相互作用和相互适应的过程。

- **群体的社会化过程**（Group socialization）

指在群体内，成员适应角色，接受群体行为规范、行为模式的过程。它包括两个方面：一方面是个体自身在群体中适应环境，学习群体文化，学习担任社会角色，把自己所在的群体、组织一体化，成为符合群体要求的社会成员的过程；另一方面是群体要生存与发展，必须使群体新陈代谢，使新的成员不断接受群体价值观念，学习各种知识、技能和行为规范，使群体具有向心力和凝聚力。

- **角色定位的社会化过程**（Socialization of role orientation）

指群体成员适应角色要求、接受群体行为规范、符合群体发展过程。任何一个群体成员在群体中都担任着群体赋予的一定的角色，群体成员在群体中所处的地位以及与这种地位、身份相一致的一整套权利、义务的规范和行为模式，是群体对特定身份的人的行为期望，构成了群体的基础。

6.5 群体互动

- **群体间互动**（Inter-group interaction）

指组织中群体与群体间相互作用的行为特征。群体间互动是不同群体间的相互影响和相互依赖关系的体现，它表现的是不同群体间的交互作用的过程。

- **联营式依赖关系**（Joint venture dependency）

指两个群体的功能相对独立，

但它们各自的工作或产品组合起来成为整个组织的输出或产品。

● **顺序式依赖关系**（Sequential dependency）

指一个群体（如零件组装部）的工作依赖于另一个群体（如购买部）的投入，但这种依赖性是单向的。

● **互惠式依赖关系**（Reciprocal dependency）

指群体之间工作相互依赖，不断交换各自的工作成果，互为对方输入和输出，以共同完成工作。

● **人际关系**（Interpersonal relationship）

指群体成员之间相互交往和联系的状态。

● **群际关系**（Intergroup relationship）

指群体与群体之间相互交往和联系的状态。

◇平行群际关系（Parallel intergroup relationship）

指两个或两个以上相互依存、相互影响，但不是上下级关系的群体之间的关系。

◇纵向群际关系（Vertical intergroup relationship）

指管理当局（行政当局）同员工、群体之间的关系。

● **感受性训练法**（Sensitization training）

又称敏感性训练法、实验室训练法等。是希望经由无结构性（即非标准化）的团体互助以改变行为的一种方式。一般是把受训者集中到远离日常工作场所的某个地方，配一名指导者（通常为行为科学家），但他和一般教授角色不同，他要经常保持缄默，让参与者在没有地位高低的情况下，都能自由讨论。通过训练，让受训者体会到：在此时此地的情绪混乱状态中，慢慢会发现自己的本来面目，而平时对自己的愤怒、不安等情绪都不太愿意承认，或压抑不表露出来。了解了自己，同时也看到别人跟自己一样陷入痛苦的情绪状态，于是逐渐能够体会到别人的感情。

● **角色扮演法**（Role-playing method）

指要人们设身处地地去体会别人的感受。就是模拟某些现实的问题场景，让一个人扮演各种不同的角色，站在不同的立场处理事情，以期了解别人的需求和感受，从而改变待人的态度。

- **会谈训练法**（Talk training method）

　　即我们常说的对话，指会谈者双方面对面意见沟通所形成的双向沟通系统。通过会谈，会谈者对对方的语言、行为、态度、反映的问题有所了解，为进一步开展工作提供依据，又协调了双方的人际关系。

- **互惠准则**（Reciprocity criteria）

　　指人们通过参与合作和奖励行为（即积极的互惠）来回报恩惠，是社会交换关系的核心规则。互惠准则还鼓励个人通过报复来回报他们认为是消极对待的行为。

- **程度中心度**（Degree of centrality）

　　指行动者在组织中与其他个体直接联系的程度，当一个行动者和较多的其他行动者有直接联系时，这个行动者就处于中心地位。
　　◇内向程度中心度（Introversion centrality）
　　指组织内社会网络的成员与行动者发生的联结数。

　　◇外向程度中心度（Extroversion centrality）
　　指行动者与组织内社会网络成员发生的联结数。

- **集体身份**（Collective identity）

　　指个人与社会群体（例如组织）的同化。

- **群体社会资本**（Group social capital）

　　指成员关系的配置和通过成员之间的联系流动的资源。

- **社会资本的认知维度**（Cognitive dimension of social capital）

　　指企业间关系网络中，成员间所共享的语言、共享的意义符号、共享的编码、共同的经历、共享的文化和价值观、共同的愿景、共享的道德规范等。

- **关系多元主义**（Relational pluralism）

　　指焦点实体（个人，团队或组织）从多种与其他实体的关系中获得其意义及其行动潜力的程度。广泛的不同关系可以在同一组行动者之间共存，而每个行动者可能有多个身份。

6.6 群体决策

- **决策**（Decision making）

指人们为了实现一定的目标，借助一定的科学手段和方法，从两个或者两个以上的可供选择的行动方案中，选择一个满意方案并组织实施的全部行为过程。

- **群体决策**（Group decision）

指由群体中多数人共同进行决策，它一般是由集体中个人先提出方案，而后从若干方案中进行优选。

- **群体决策的理性模型**（Rational model of group decision）

是规范性理论，它从一系列公理出发进行逻辑推理和演算，得到最大期望效用。决策研究者更像统计学家和逻辑学家，他们根据推理的结果告诉人们应该如何去做，应该如何决策。

- **"齐当别"决策模型**（Equate-to-differentiate model）

其核心点在于运用一个决策选项的表征系统刻画决策者在决策过程中所采用的单一策略规则，即"对于二择一决策问题，决策者会'齐同'掉选项在某一维度上的差别，并以另一维度的差别作为最终决策依据，选择在另一维度上效用更大的选项"。

- **业绩反馈决策模型**（Performance feedback decision model）

指有限理性决策者为简化决策流程，设定一个期望水平，并通过实际绩效与期望水平的比较，将绩效的连续测量值转化为成功与失败的离散测量结果，企业据此而展开问题搜寻和战略调整。

- **理性决策模型**（Rational decision model）

指决策者在决策时充分考虑各种情况，选择一个能给自己带来最大利益的决策方案。

- **有限理性**（Limited rationality）

指管理者追求的是满意解，也就是说，因为追求最优化方案所耗费的时间太多、精力太大，管理者会选择一个"足够好的"备选方案。

- **群体思维**（Group thinking）

指由于从众的压力，群体对不

寻常的、少数人的或不受欢迎的观点无法得出客观评价的现象。

- **决策风格**（Decision style）

指个体在长期的决策过程中形成的比较稳定的决策倾向。决策风格对决策效果具有重大的影响，其主要表现是：不同决策风格的人对决策制定的方式与步骤有不同的偏好。不同决策风格的人对行动的迫切性有不同的反应，不同决策风格的人对待风险的态度与处理办法互有差异。

- **决策规则**（Regulations of decision-making）

指一种明文规定，它告诉决策者在特定的情境中应该选择哪个行动方案。

- **社会决策机制**（Social decision-making mechanism）

指有时候通过比较群体成员最初的观点和最终的群体决策，可以对群体决策作出预测。这些简单的关系被称为社会决策机制。

- **互动群体法**（Interactive group approach）

是群体决策最常见的形式，指成员之间面对面进行交流，依赖语言和非语言互动相互沟通。

- **名义群体法**（Nominal group approach）

指在群体决策过程中，群体成员首先单独进行个体决策，并对群体成员的讨论或人际沟通加以限制，最后进行集体决策的一种决策方法。

- **德尔菲法**（Delphi method）

除不需要群体成员见面这一点之外，它与名义群体法相似。德尔菲法的工作步骤是：一是在问题明确之后，要求全体成员通过填写精心设计的问卷给出解决问题的方案；二是群体成员匿名并独立完成第一份问卷；三是把第一次问卷调查的结果在另一个中心地点整理出来；四是把整理和调查的结果匿名分发给每个人一份；五是在群体成员看完整理结果之后，要求他们再次给出解决问题的方案，结果通常是启发出新的解决办法，或使原有方案得到改善；六是在没有形成最终方案之前重复步骤四和步骤五，直到找到大家意见一致的解决方法为止。

- **电子会议法**（Electronic conference method）

指将名义群体法与复杂的计算

机技术融合而形成的一种比较新颖的群体决策方法。它的具体步骤是：参与决策的人员坐在联网的计算机终端前；问题通过计算机屏幕呈现给参与者，要求他们把自己的意见输入面前的计算机终端；个人的意见和投票都呈现在会议室中的投影屏幕上或者传递到其他人的电脑屏幕上。

- **阶梯法**（Ladder method）

指在对决策群体的讨论结果一无所知的情况下，迫使个体独立发表自己的见解，从而使个体思维不受群体约束，而决策群体也不断地得到新观念思想的关注的决策方法。

- **垃圾桶模型**（Trash can model）

阐述了这样一个观点，即并不是所有的组织决策都是一步步系统形成的。特别是在高度不确定的条件下，决策过程可能是混乱的。有些决策似乎完全是靠运气。

- **多种意见斗争**（Multiple opinions struggle）

指群体成员面对不同的观点时，没有产生积极性，而是发生负面冲突的情形。

- **竞争性决策**（Competitive decision-making）

指参加竞争的各方在考虑对方可能采用某种策略的基础上选择最优对策的过程。

- **追踪性决策**（Tracing decision-making）

指在实施原有决策的过程中发现问题，为了达到目的，对原有决策进行根本性改变的一种动态的决策。

- **直觉决策**（Intuitive decision）

指从经验中提取精华的无意识决策过程。

- **行为决策方法**（Behavioral decision method）

指在决策中运用经验、次级优化（suboptimizing）和知足化（satisfied）的一种综合方法。

- **实践决策方法**（Practice decision method）

指在组织中把理性决策方法的步骤与行为决策方法的步骤结合起来，创造出的一种更现实的决策方法。

- **理性决策方法**（Rational decision-making method）

  指决策者在决策时遵循一个系统的、逐步的过程的决策方法。

- **参与性决策**（Participatory decision）

  指那些受决策影响的个体可以对这些决策的制定施加影响。

- **程序性决策**（Procedural decision）

  指对于非常简单的程序化事务，事务管理者已经制定了固定的决策规则。

- **非程序性决策**（Non-programmatic decision）

  指对于新出现、复杂的决策问题，要求事务管理者提出创造性的解决办法。

- **董事会创造性决策**（Board of directors creative decision）

  指董事会在其成员互动的基础上，将董事拥有的不同决策资源和要素，以及董事能够获得的信息和知识进行重新分配和整合，进而创造性地提出解决问题的方案的过程。

- **群体偏移**（Group shift）

  指群体成员在讨论备选方案和制定决策时往往会放大自己最初的立场或观点，单个群体成员的态度会变得更加极端化。经过讨论后，一开始就持反对意见的个体，会更加激烈地反对；开始时持赞成态度的个体，会更加强烈地支持。在某些情况下，谨慎态度占据上风，形成保守偏移，但更多的时候，群体会出现冒险偏移。

- **热情感－冷认知**（Hot emotions - cold cognition）

  指冷的认知系统基于理性认知进行决策（理性决策方式），而热的情感系统则基于内心的情感冲动进行决策（感性决策方式）。

- **群体决策删减**（Group decision reduction）

  指群体决策过程在强大的外部力量作用下，决策时间在极大程度上被缩减。

- **模糊性决策情境**（Fuzzy decision making situation）

  指企业在决策时无法获知相关事件的发生概率的决策情境。

- **群体过度自信**（Group overconfidence）

指在决策群体层面上的同一种倾向：对群体判断和预测的精确性和准确性的信心膨胀。

- **决策前疑问**（Pre-decision question）

指当在多个选项之间进行选择时，人们常常感到矛盾，因为他们不确定哪个选择能产生最佳效用。

引用文献

书籍

[1] 陈春花，杨忠，曹洲涛．（2016）．组织行为学（第 3 版）．机械工业出版社．

[2] 关培兰．（2015）．组织行为学（第 4 版）．中国人民大学出版社．

[3] 胡君辰，吴小云．（2010）．组织行为学．中国人民大学出版社．

[4] 胡立君，唐春勇，石军伟．（2016）．组织行为学（第 2 版）．武汉理工大学出版社．

[5] 劳里·马林斯，吉尔·克里斯蒂．（2015）．组织行为学精要（第 3 版）．清华大学出版社．

[6] 李爱梅，凌文辁．（2015）．组织行为学（第 2 版）．机械工业出版社．

[7] 詹姆斯·坎贝尔·奎克，戴布拉·尼尔森．（2013）．组织行为学：现实与挑战（第 7 版）．清华大学出版社．

[8] 斯蒂芬·罗宾斯，蒂莫西·贾奇．（2016）．组织行为学（第 16 版）．中国人民大学出版社．

[9] 张德，陈国权．（2011）．组织行为学（第 2 版）．清华大学出版社．

[10] 熊冠星，李爱梅，凌文辁．（2015）．组织行为学（第 2 版）．机械工业出版社．

期刊：

[1] 陈建勋，郑雪强，王涛．（2016）．“对事不对人”抑或“对人不对事”——高管团队冲突对组织探索式学习行为的影响．南开管理评论，19（5），91-103.

[2] 陈倩倩，樊耘，张旭，于维娜．（2017）．领导者信息共享与集体主义对员工促进性建言的影响机制研究．管理学报，14（10），1523-1531

[3] 郭蓉，文巧甜．（2017）．成功、失败和灰色地带的抉择：业绩反馈与企业适应性战略变革．南开管理评论，20（6），28-41.

[4] 胡税根，翁列恩．（2017）．构建政府权力规制的公共治理模式．中国社会科学，（11），99-117.

[5] 李勇，徐延辉，兰林火．（2014）．社会质量测量维度与城市社区创新——基于深圳市的实证分析．中国社会科学，（3），142-164.

［6］ 万映红，王小娟，胡万平．（2015）. 关系建立期：顾客心理契约中商家责任形成的先导决定因素及关系研究．管理工程学报，28（4）：60-69.

［7］ 魏钧，董玉杰．（2017）. 团队断裂带对员工绩效的影响：一项跨层次研究．管理工程学报，31（3），11-18.

［8］ 吴继兰，张嵩，邵志芳，马光．（2015）. 基于知识贡献考核和效用的组织个体知识共享博弈分析与仿真．管理工程学报，29（1），216-222.

［9］ 王笑天，蔡晓红，魏子晗．（2017）. 员工"薪酬感知域差"与离职决策研究——基于"齐当别"决策模型视角．管理评论，29（9），193-204.

［10］ 徐元栋．（2015）. 投资者的奈特不确定性情绪与股市巨幅波动．系统工程学报，30（6），736-745.

［11］ 赵建彬，景奉杰．（2016）. 在线品牌社群氛围对顾客创新行为的影响研究．管理科学，29（4），125-138.

［12］ Balkundi, P., & Harrison, D. A. (2006). Ties, leaders, and time in teams: Strong inference about network structure's effects on team viability and performance. *Academy of Management Journal*, 49 (1), 49-68.

［13］ Chang, J. W., Chow, R. M., & Woolley, A. W. (2017). Effects of inter-group status on the pursuit of intra-group status. *Organizational Behavior & Human Decision Processes*, 139, 1-17.

［14］ Chen, T., Li, F., Chen, X. P., & Ou, Z. (2018). Innovate or die: How should knowledge-worker teams respond to technological turbulence?. *Organizational Behavior and Human Decision Processes*, 149, 1-16.

［15］ Delobbe, N., Cooper-Thomas, H. D., & Hoe, R. D. (2015). A new look at the psychological contract during organizational socialization: the role of newcomers' obligations at entry. *Journal of Organizational Behavior*, 37 (6), 845-867.

［16］ Diestel, S., Wegge, J., & Schmidt, K. H. (2014). The impact of social context on the relationship between individual job satisfaction and absenteeism: the roles of different foci of job satisfaction and work-unit absenteeism. *Academy of Management Journal*, 57 (2), 353-382.

［17］ Kahn, W. A. (1990). Psychological conditions of personal engagement and disengagement at work. *The Academy of Management Journal*, 33 (4), 692-724.

［18］ Kim, S., Park, Y. A., & Niu, Q. (2017). Micro-break activities at work to recover from daily work demands. *Journal of Organizational Be-*

havior, 38 (1), 28 – 48.

[19] Turner, R. H. (1956). Role-taking, role standpoint, and reference-group behavior. *American Journal of Sociology*, 61 (4), 316 – 328.

[20] Van Knippenberg, D., & Mell, J. N. (2016). Past, present, and potential future of team diversity research: from compositional diversity to emergent diversity. *Organizational Behavior & Human Decision Processes*, 136, 135 – 146.

[21] Wang, C. S., & Thompson, L. L. (2006). The negative and positive psychology of leadership and group research. *Advances in Group Processes*, 23 (06), 31 – 61.

第七章　团队

7.1　认识团队

- **团队**（Team）

  指由一群不同背景、不同技能、不同知识的人组成的一种特殊类型的群体，以成员高度的互补性、知识技能的跨职能性和新的差异性为特征，为实现与组织目标相关的共同目标而彼此负责，并将自己视为组织内的一个社会共同体。

- **工作团队**（Work team）

  指通过成员的共同努力能够产生积极的协同作用的团队。团队成员的努力会导致团队绩效远远大于个体绩效之和。

- **团队内权力**（In-team power）

  指个体团队成员相对于其他成员拥有解决团队态势需求和环境不确定性所需资源的程度。

- **团队情感氛围**（Team emotional atmosphere）

  指群体内部成员一致的或同质的情感反应，包括积极情感氛围和消极情感氛围。

- **团队异质性**（Team heterogeneity）

  指团队成员间人口特征以及重要的认知观念、价值观和经验等方面表现出的差异化。

- **团队精神**（Team spirit）

  指团队成员为了团队的利益与目标而相互协作的作风。

7.2 团队的形成及分类

● **团队结构**（Team structure）

由联络者、创造者、推动者、评估者、组织者、生产者、控制者、维护者和建议者构成。其中联络者负责协调和整合工作，创造者产生有创意的想法，推动者拥护和支持新思想，评估者对各种方案提供见解深刻的剖析，组织者提供和维护团队结构，生产者提供指令并完成任务，控制者考察调解并强化规则，维护者在外部战场上作战，建议者鼓励寻找更多的信息。

● **问题解决型团队**（Problem solving team）

指主要关注它们责任范围内的特殊问题，提出解决问题的方案的团队。团队成员一般由来自同一个部门的 5～12 名员工组成，每周用几个小时的时间聚会，讨论如何提高产品质量、生产效率和改善工作环境。他们所执行的工作任务可以是高度相关的也可以是相互独立的，并且能够承担一部分监督责任，但是，这些团队几乎没有权力

根据这些建议单方面采取行动。

● **自我管理型团队**（Self-managed team）

指一种真正独立自主的团队，它们不仅探讨解决问题的方法，而且亲自执行解决方案，他们所执行的工作任务可以是高度相关的也可以是相互独立的，并对工作承担全部责任。自我管理型团队一般由每天必须一起工作以生产一种产品或提供一种完整服务的人员组成，通常由 10～15 人组成，承担团队成立以前自己的上司承担的一些责任，主要包括控制工作节奏、决定工作任务的分配、安排工作休息、设立关键目标、编制预算等。

● **跨职能团队**（Cross-functional team）

指由在组织中层级高度类似但来自不同工作领域的员工构成，目标是共同完成某项工作任务的团队。

● **虚拟团队**（Virtual team）

指两个或两个以上的成员，为了一个共同的目标而相互合作，至少一个成员位于不同的地点、时区或组织，通过先进的通信技术和信

息技术（电子邮件、传真、电话、视频会议等）将分散在不同部门、组织或区域的知识员工连接在一起，利用员工核心知识的集成和创新，致力于完成共同目标的动态工作联盟。

- **知识型团队**（Knowledge team）

指运用高智力资本从事创新型工作的群体。知识型团队承担超常规创新型复杂任务，成员拥有独特的专业技术，团队知识需要进行共享、整合和重组。

- **多团队系统**（Multi-team system）

指集合两个或两个以上的独立团队来共同完成一个更高级的目标，是一个"团队组成的团队"。

- **多功能型团队**（Multi-functional team）

指由来自同一等级、不同工作领域、具有不同工作技能的员工组成，目的是通过识别和解决跨部门、跨领域和多功能的问题来完成特定的任务的团队。

- **建议性团队**（Suggestive team）

指将人们短暂性地聚集起来解决问题和提出一些解决方案的团队。建设性团队包括管理层的决策委员会、质量监管团体、员工参与及选拔委员会。

- **生产团队**（Production team）

指在生产区由完成产品的员工组成的团队，例如组装团队、部门团队、商业航空团队等。

- **服务团队**（Service team）

指协作处理有关顾客的事务的团队。例如飞机乘务员、通信销售团队等。

- **管理团队**（Management team）

指员工共同规划、协商决策，共同商讨预算、裁员及后勤问题组成的团队。其中包括公司主管团队、地区指导委员会及其他管理部门。

- **项目工作组**（Project working group）

也称为特别小组。当个体完成一项具体的、限时的工程，任务一完成，他们就会被解散。大体上说，他们是跨功能团队，员工来自不同的部门，例如工程部和产品研发部。

- **知识团队** (Knowledge team)

指由来自不同知识领域的知识员工组成的，以一定的任务为导向，创造并维持信任、支持、尊重和合作的团队氛围，共同完成团队任务的团队。

- **质量团队** (Quality team)

指正式的，由高层管理者设计和分派任务的团队。

- **高效团队** (Efficient team)

指把团队的潜能发挥到极致的团队，表现出色的高效团队成员不仅对自己团队的成功负责，也关心其他人的成长和发展。

- **节约型团队** (Economical team)

指一种极端形式的创业团队，这种创业团队的成员完全了解团队所处的情境，只需处理一些确定性很高的常规事件。

- **单成员团队** (Single member team)

指只有一个成员的团队，这个成员就是创业者自己。

- **混合团队** (Mixed team)

指团队中至少包括一个创业者和一个节约者，创业者发现市场目的－手段框架，节约者在这个框架下监督生产和交易效率。

- **嵌套团队** (Nested team)

指团队中至少包括两个创业者，一个领头创业者和一个协助创业者。领头创业者为团队确定总体经营思路和愿景，而协助创业者则在实施中充分发挥其先前知识与专业技能的作用。

- **极端团队** (Extreme team)

指在性能环境中完成任务，具有一个或多个在级别（例如极端时间压力）或种类（例如限制、危险）上不典型的具有特定情境的团队，以及性能低下会导致严重后果的团队。

- **高度虚拟团队** (Highly virtual team)

指主要通过电子工具（如电子邮件）进行协调和通信以完成任务的团队。

- **质量小组** (Quality circle)

指员工组成的监督质量的小群体。

- **高管团队**（Executive team）

    指在组织中主要承担战略决策职责的高层管理者所组成的团队，是决定组织发展和影响组织绩效的核心群体。

- **高管团队异质性**（Top management team heterogeneity）

    指企业各高管在性别、年龄、学历、教育背景和任期等人口背景特征上存在的差异。

- **团队多样性**（Team diversity）

    指团队成员在能力、技术、经验、个性和人口统计学特征等方面的差异。

- **团队熟悉度**（Team familiarity）

    指团队成员间相互了解的水平。

- **团队过程**（Team process）

    包括团队发展、团队规范、团队角色和团队凝聚力四个方面，团队过程受到组织和团队环境、团队设计的影响。

- **团队断裂带**（Team faultlines）

    指在成员多重构成特征的共同作用下，团队被分割成多个内部同质、彼此异质的子团队之间的分界线。

- **信息型团队断裂**（Informational team disruption）

    指基于任务相关属性联合效应所形成的、将团队划分为若干同质子团队的潜在分裂线。

- **联合创始人**（Co-founder）

    指一部分同行工作者聚在一起创办企业，各个工作者基于各自优势、在不同领域的资源，企业内部缺乏正式的权威。

- **个人 - 团队匹配**（Personal-team matching）

    指个人与其直接工作组成员之间的人际兼容性。

7.3 团队效能

- **团队效能**（Team effectiveness）

    指一个团队完成团队目标、满足成员的需要和维持自身存在的程度。团队效能具有三层含义：首先，大部分团队的存在和运转是为了实现某些组织目标；其次，团队效能依赖于团队成员的满意度、个体需要和目标的实现；最后，团队效能还表现在团队本身的生存能力上。团队效能包括团队绩效和团队态度两个方面。团队绩效可以通过量化的数字，比如营业收入、净利润、资产回报率等和团队领导及成员的主观认定来判断。团队态度可以通过成员的工作满意度、团队承诺来判断。

- **反思性**（Reflective）

指团队在必要时能够反思和调整自己的计划。一个团队需要有一个好的计划，愿意并且能够根据具体状况的要求来调整自己的计划。

- **团队沟通**（Team communication）

指团队内部成员之间共享信息、共同解决问题，做出有效决策的互动过程。

- **团队气氛**（Team atmosphere）

指团队成员对团队目标、团队运作、团队结构等具体情境的认知或心理体验。

- **IPO 模型**（Input-process-output model）

影响团队效能的因素很多，如团队的组成、团队的结构、成员的特性和团队领导等。在有关团队的相关研究中，主要以 IPO（input-process-output）模型为主，其中 input 指的是个人给予团队的经验、知识、技能、能力和个人特质等，process 主要指团队成员间的影响、沟通、协调等互动形式，output 指的是有形的产品或创意、建议等无形的服务。

- **团队成员交换关系**（Team member exchange relationship）

指团队成员之间通过互动而形成的互惠关系。

- **团队成员交换关系差异**（Team member exchange differentiation）

指个体与其他成员在团队成员交换关系质量上存在差异的程度。

- **认知型信任**（Cognitive trust）

指团队成员信任彼此有能力完成任务。

- **团队任务互依性**（Team task interdependence）

指团队成员在任务方面彼此进行合作与信息交流以达成团队目标的关联程度。

- **团队情绪智力**（Team emotional intelligence）

  指团队成员的情绪管理能力。

- **集体奖励**（Collective reward）

  指以班组等集体为单位进行奖励，并且采用公开庆典的方式进行奖励，目的是维护并提升团队合作精神。

- **集体投入**（Collective input）

  指组织成员在行为、认知、情感上投入组织工作的共享感知，其代表了一种积极的团队心理状态。

- **团队创造力**（Team creativity）

  指在外部需求影响下，团队成员集合起来通过一系列进程，将团队特征转化为创造性产品、工艺、服务以及工作方式的能力。

- **团队心理模型**（Team mental model）

  指团队成员所持有的知识结构，这些知识结构使他们能够对任务形成准确的解释和期望，并且反过来协调他们的行为，使他们的行为适应任务和其他团队成员的需求。

- **任务依存性**（Task dependency）

  指团队成员需要依靠团队的其他成员来完成自己的工作的程度。

7.4 团队管理与评估

- **团队凝聚力**（Team cohesion）

  指人们被团队吸引并愿意留在团队中保持其成员资格的程度，是团队成功的一个重要因素。

- **团队规范**（Group norms）

  指群体为控制成员行为而建立的非正式规范和共同期望。规范是用来约束团队成员行为的，并不适用于个人想法或感受。团队规范通过认同、消极强化、积极强化、惩罚等多种方式而被团队成员遵守。

- **团队冲突**（Team conflict）

  指团队成员由于在认知、情感或者目标上存在分歧而产生的紧张状态。

- **团队信任**（Team trust）

  指团队成员彼此相信各自的品德和工作能力。信任有五个维度，分别是正直、能力、一贯、忠诚和开放。

- **团队领导**（Team leader）

指帮助团队指明前进的方向，通过变革克服社会惰性，鼓励团队成员发现和了解自己的潜力并带领团队成员实现团队目标的人。团队领导的工作重点主要有两个方面：管理团队外部事物和推动团队进程。这两方面的工作可进一步细分为四个角色：对外联络官、困难处理专家、冲突管理者和教练。

- **团队协调**（Team coordination）

指为了达到团队目标使用各种策略和行为模式来管理成员间行动、知识等资源投入的过程。

◇ 团队外显协调（Explicit team coordination）

指团队通过成员的直接交互或外在媒介而实现的调整。

◇ 团队内隐协调（Implicit team coordination）

指团队成员依据对任务和其他成员需求的预期来调整自身行动的过程。

- **团队固定预算计划**（Group budget-fixed contract）

指团队奖励额度的固定部分，达到目标就能获得固定的奖励，但是超过目标的部分并不能获得奖励。

- **团队线性预算计划**（Group budget-linear contract）

也称为"团队目标线性奖励"，当团队绩效达到目标时将获得一个固定额度的奖励，而对于超过目标的部分，团队成员还能以加成的计件工资率获得额外的奖励。

- **生成受阻**（Production blocking）

指由于程序上要求一次只能由一个人发言，从而带来的团队决策中的时间约束。

- **评价顾虑**（Evaluation apprehension）

指个人不愿意提出那些看起来愚蠢的想法，因为他们认为（而且往往是正确的）其他团队成员会悄悄评价他们。

- **交互记忆系统**（Transactive memory system）

指团队成员之间形成的用以获取、储存和运用来自不同领域的信息或知识的相互依赖的合作分工系统。

7.5 团队面临的挑战

- **团队发展五阶段模型**（Five-stage model of team development）

团队发展五阶段模型提供了理解团队发展的一个有用框架，它阐释了团队从形成、震荡、规范、执行直至终止的大致过程。这一模型表明团队的发展是一个持续的过程，但是当新成员加入团队、团队的任务发生变化或者以前隐藏在团队内部的冲突凸显时，团队可能会倒退到发展过程的早期阶段。

◇形成阶段（Forming stage）

形成阶段，团队的主要任务是确立目标、集合人员和初步接触。

◇震荡阶段（Storming stage）

震荡阶段，团队成员更主动地为各种团队角色进行竞争，人际冲突明显，沟通是这一阶段的重要任务。

◇规范阶段（Norming stage）

规范阶段，项目团队效能提高，团队开始形成自己的身份识别。团队成员调适自己的行为，以使团队发展更加自然、流畅。团队成员有意识地解决问题，实现组织和谐。团队领导允许团队有更多的自治性。

◇执行阶段（Performing stage）

执行阶段，项目团队运作如一个整体。团队成员对于任务层面的工作职责有清晰的理解，即便在没有监督的情况下自己也能做出决策，项目领导让团队自己执行必要的决策。

◇终止阶段（Adjourning stage）

终止阶段，大部分团队和非正式群体会走向解体，解体主要是因为团队任务的结束。终止阶段团队成员把注意力重新从任务转移到人际关系和社会情感上，团队的工作效率下降，团队成员更多地开始关注自己下一步会到什么地方去等。

- **"搭便车"问题**（Free-rider problem）

又称"偷懒"问题，指在团队生产中，由于团队成员的个人贡献与所得报酬没有明确的对应关系，或者由于其他激励措施不力，每个成员都有减少自己的成本支出而坐享他人劳动成果的机会主义倾向。

- **多元化断层**（Diversity faults）

指拥有不同特质的群体形成了

组织内截然不同的亚群体，亚群体内部存在不同的文化、价值观、行为方式、管理风格，极易导致小集团主义和亚群体间的文化冲突，会影响组织的绩效。

- **交叉特质的员工多元化**（Employee diversity with cross-characteristics）

指同一亚群体内部在多个维度存在差异，亚群体内成员同时拥有多种多元化的特质，亚群体内差异较大，而群体间差异相对较小，即相对差异度较小。

- **强烈的身份认同**（Superordinate identify）

指组织内部存在人口统计学意义上的多元化，但所有组织成员都能秉承统一的组织理念，有强烈的组织认同感。也就是说，虽然组织内部员工多元化程度较高，但因逐渐形成了组织群体的共同意识，实现了多元化员工共同价值观调整与再造，形成了共同的组织文化。

- **过程损害**（Process damage）

指资源（包括时间和精力）没有花在工作任务上，而是花在团队形成和维持上。

- **任务互赖性**（Task interdependence）

指团队成员在完成个人任务时需要共享资料、信息或专业知识的程度。

- **工作场所的侵略**（Aggression in the workplace）

指外界对工作场所内的个人或工作场所本身做出的消极行为。

- **团队跨界**（Team boundary spanning）

指团队为满足自身需求，与外部环境中的利益相关者建立联系并进行管理的过程，其实质是同团队外部主体的行为交互与资源交换。

引用文献

书籍：

［1］陈春花，杨忠，曹洲涛．（2016）．组织行为学（第3版）．机械工业出版社．

［2］关培兰．（2015）．组织行为学（第4版）．中国人民大学出版社．

［3］胡君辰，吴小云．（2010）．组织行为学．中国人民大学出版社．

［4］詹姆斯·坎贝尔·奎克，戴布拉·

尼尔森．（2013）．组织行为学：现实与挑战（第7版）．清华大学出版社．

［5］斯蒂芬·P.罗宾斯．（2016）．组织行为学精要（原书第13版）．机械工业出版社．

期刊：

［1］陈璐，柏帅皎，王月梅．（2016）．Ceo变革型领导与高管团队创造力：一个被调节的中介模型．南开管理评论，19（2），63–78.

［2］蒿坡，龙立荣．（2015）．员工情感与创造力：一个动态研究模型．管理评论，27（5），157–181.

［3］刘刚，李超，吴彦俊．（2017）．创业团队异质性与新企业绩效关系的路径：基于动态能力的视角．系统管理学报，26（4），655–662.

［4］罗瑾琏，胡文安，钟竞．（2017）．悖论式领导、团队活力对团队创新的影响机制研究．管理评论，29（7），122–134.

［5］吕逸婧，陈守明，邵婉玲．（2018）．高管团队交互记忆系统与组织绩效：战略柔性的中介作用．南开管理评论，（1），216–224.

［6］秦伟平，赵曙明，周路路．（2015）．企业人力资源管理实践对跨功能团队创造力的跨层影响．管理学报，12（1），88.

［7］Quy, H. T.，张昊民，马君．（2016）．习得性无助、精神型领导与科技创新型人才创造力的关系研究．科学

管理研究，（3），101–104.

［8］汪曲，李燕萍．（2017）．团队内关系格局能影响员工沉默行为吗：基于社会认知理论的解释框架．管理工程学报，31（4），34–44.

［9］王睿智，冯永春，许晖．（2017）．声誉资源和关系资源对突破式创新影响关系．管理科学，30（5），87–101.

［10］万岩，范静，高锦萍，高丽．（2017）．网络社群的凝聚力与活跃度提升研究：品牌与信任的角度．系统管理学报，26（4），611–623.

［11］魏光兴，张舒．（2017）．基于同事压力与群体规范的团队合作．系统管理学报，26（2），311–318.

［12］尹奎，孙健敏，张凯丽，陈乐妮．（2018）．职场友谊对建言行为的影响：一个有调节的中介模型．管理评论，30（4），132–141.

［13］袁庆宏，张华磊，王震，黄勇．（2015）．研发团队跨界活动对团队创新绩效的"双刃剑"效应——团队反思的中介作用和授权领导的调节作用．南开管理评论，18（3），13–28.

［14］张大力，葛玉辉．（2016）．高管团队跨界行为与企业创新绩效关系：基于团队学习的视角．系统管理学报，25（2），235–245.

［15］张瀛之，刘志远，张炳发．（2017）．决策者心理因素对企业知识资本投资行为异化影响的实证研究．管理评论，29（9），205–214.

［16］张正堂，刘颖，王亚蓓．（2014）. 团队薪酬、任务互依性对团队绩效的影响研究．南开管理评论，17 (3)，112－121.

［17］周明建，潘海波，任际范．（2014）. 团队冲突和团队创造力的关系研究：团队效能的中介效应．管理评论，(12)，120－135.

［18］Aime, F., Humphrey, S., Derue, D. S., & Paul, J. B. (2014). The riddle of heterarchy: power transitions in cross-functional teams. *Academy of Management Journal*, 57 (2), 327－355.

［19］Kristof-Brown, A. L., Seong, J. Y., Degeest, D. S., Park, W. W., & Hong, D. S. (2014). Collective fit perceptions: A multilevel investigation of person-group fit with individual-level and team-level outcomes. *Journal of Organizational Behavior*, 35 (7), 96－99.

［20］Barrick, M. R., Thurgood, G. R., Smith, T. A., & Courtright, S. H. (2014). Collective organizational engagement: linking motivational antecedents, strategic implementation, and firm performance. *The Academy of Management Journal*, 58 (1), 111－135.

［21］Cannon-Bowers, J. A., Salas, E., & Converse, S. A. (1993). Shared mental models in expert team decision making. In N. J. Castellan, Jr. (Ed.), Individual and group decision making: Current issues (pp. 221－246). *Hillsdale, NJ: Erlbaum.*

［22］Chatman, J. A., Caldwell, D. F., O. Reilly, C. A., & Doerr, B. (2014). Parsing organizational culture: how the norm for adaptability influences the relationship between culture consensus and financial performance in high-technology firms. *Journal of Organizational Behavior*, 35 (6), 785－808.

［23］Gibson, C. B., & Cohen, S. G. (Eds.). (2003). Virtual teams that work: Creating conditions for virtual team effectiveness. *San Francisco: Jossey-Bass.*

［24］Goodman, P. S., & Garber, S. (1988). Absenteeism and accidents in a dangerous environment: empirical analysis of underground coal mines. Journal of Applied Psychology, 73 (1), 81－86.

［25］Grzywacz, J. G., & Carlson, D. S. (2007). Conceptualizing work-family balance: implications for practice and research. *Advances in Developing Human Resources*, 9 (9), 455－471.

［26］Langfred, C. W. (2004). Too much of a good thing? Negative effects of high trust and individual autonomy in self-managing teams. *Academy of manage-*

ment journal, 47 (3), 385 – 399.

[27] Reagans, R., Zuckerman, E., & McEvily, B. (2004). How to make the team? Social networks vs. demography as criteria for designing effective teams. *Administrative Science Quarterly*, 49 (1), 101 – 133

第八章 领导

8.1 什么是领导

- **领导**（Leadership）

  指引导和影响个人、群体或组织在一定条件下实现目标的行动过程，也就是领导者通过自己的活动对被领导者施加影响，从而实现某种目标的过程。

- **领导者**（Leader）

  指身居领导岗位、能够对组织制定目标和实现目标的全过程施加巨大影响的人。

- **领导替代**（Substitutes for leadership）

  指通过利用其他资源代替领导，从而使领导角色成为多余的因素，它们来源于任务、组织和员工的权变因素。

- **领导力**（Leadership challenge）

  指影响组织成员共同为实现组织目标而努力的一种能力。

- **领导艺术**（Leadership art）

  指领导者在自身知识、技能、态度等基础上形成的对领导科学、领导理论、领导原则的有效应用。

- **领导决策**（Leadership decision）

  指领导者为了达到一定的目标，在掌握一定量的信息和有关情况并进行深刻分析的基础上，拟定、评估各种备选方案，并从中选择合理方案的过程，是企业经营中最重要的管理活动。

- **有效的领导**（Effective leadership）

    指领导者能根据被领导者的成熟度以及具体的内外环境，做出正确的决策，促进组织目标达成的过程。

- **无效的领导**（Ineffective leadership）

    指领导者不能根据被领导者的成熟度以及具体的内外环境，做出正确决策，以至于不能促进组织目标达成的过程。

- **正式领导者**（Formal leader）

    指通过选举、任命、聘用等正式程序取得正式职位的个体。

- **非正式领导者**（Informal leader）

    指没有通过正式程序取得正式职位但实际上在发挥领导作用的个体。

- **集体领导**（Collective leadership）

    指一个组织为完成共同任务和目标，由组织内不同领导岗位上任职的领导者所组成的一个集体（团队）。

- **领导原型化**（Leader prototypicality）

    指领导对于其所在组织的代表程度。

8.2 领导权力

- **领导权**（Leadership authority）

    指基于领导关系而形成的领导者对被领导者的影响力和制约力。

- **关系权力**（Relational power）

    指对源于关键人物和信息的个人和职业的控制。

- **正式权限论**（Formal authority theory）

    正式权限论是古典管理学派的权威观。他们把被领导者看成"经济人"，因此主要依靠职位权力来树立威信，他们主张充分利用职位权力，在发号施令中树立领导者的权威。

- **权威**（Authority）

    指他人对某一个体作出积极评价的一种现象，主要的表现形式是他人对其赞扬、尊重、信任和服从。

- **权威感**（Sense of authority）

指个体对自己所拥有权威高低的自我主观感受。

- **权威接受论**（Authoritative acceptance theory）

指是以巴纳德为代表的社会系统学派的观点。他们认为，权威的主要来源是个人权力，而非职位权力，权力和权威不是来自上级的授予，而是来自下级的认可。领导者的权威是否成立，不在于发布命令本身，而在于命令是否能被下属接受和执行。

- **领导作用的"互惠效应"**（The "reciprocal effect" of leadership）

指在现实的领导工作中，一位领导者总会因其职位或人品对其下属产生影响。一般人们容易注意到领导者对下属的领导，而往往忽视下属对领导者的影响。实际上影响是相互的，领导者在领导下属的同时，也必然受下属某方面的影响。

8.3　领导特质理论

- **特质理论**（Trait theory）

特质理论又称伟人论。该理论认为，有效领导者与无效领导者的主要差别在于前者拥有一定数量的品质与特征。特质理论确定了高效领导者所具有的各种特质，研究人员检测了个性、能力以及与社会和工作相关的性格特点等。

- **领导特质理论**（Traits theories of leadership）

领导特质理论也称领导素质理论，主要研究领导者应具备的特质。特质理论着重研究领导者的人格特性，并且认为这些人格特性是先天决定的。

- **斯托格蒂尔六类领导理论**（Six leadership theories of Stogdill）

美国俄亥俄州立大学工商研究所的斯托格蒂尔（R. M. Stogdill）教授把领导者特质归为六大类：（1）身体特性。如精力、身高、外貌等。（2）社会背景特性。如社会经济地位、学历等。（3）智力特征。如判断力、果断性、知识的深度和广度、口才等。（4）个性特征。如适应性、进取性、自信、机灵、见解独到、正直、情绪稳定、不随波逐流、作风民主等。（5）与工作有关的特性。如高成就需要、愿承担责任、毅力、首创性、工作主动、重视任务的完成等。（6）社交特性。如善交际、广交友、积极参加各种活动、愿意与人合作等。

● 包莫尔领导特质论（Baumol's theory of leadership traits）

美国普林斯顿大学包莫尔（W. J. Baumol）提出了作为企业家应具备的十个条件：（1）合作精神。即愿意与他人一起工作，能赢得人们的合作，对人不是压服，而是感动和说服。（2）决策能力。即依赖事实而非想象进行决策，具有高瞻远瞩的能力。（3）组织能力。即能发掘部属的才能，善于组织人力、物力和财力。（4）精于授权。即能大权总揽，小权分散。（5）善于应变。即机动灵活，善于进取，而不抱残守缺、墨守成规。（6）敢于求新。即对新事物、新环境和新理念有敏锐的感受能力。（7）勇于负责。即对上级、下级和产品用户及整个社会抱有高度的责任心。（8）敢担风险。即敢于承担企业发展不景气的风险，有创造新局面的雄心。（9）尊重他人。即重视和采纳别人意见，不盛气凌人。（10）品德高尚。即品德上为社会人士和企业员工所敬仰。

● 斯托蒂尔的特质论（Stottier's theory of traits）

斯托蒂尔（R. M. Stottier）的研究发现，以下的一些心理特质构成了有效领导者的基础：（1）智力。一般来说，智商较高者较适宜担任领导者。（2）学识。一般来说，学校里学习成绩较好、知识较渊博者，较适宜担任领导者。（3）可靠性。指容易受人信赖的程度。（4）责任心。指愿意对事情的结果负责任。（5）社会活动参与性。指愿意与人打交道，喜欢群体活动。（6）社会经济地位。一般来说，社会经济地位中上水平的个体容易成为领导者。

● 影响力（Influence）

指一个人在与他人交往中，影响和改变他人心理的能力。

● 支配欲（Dominance）

指成功领导者希望能够成为支配者，承担主要的管理职责。

● 高活力（High energy）

指领导者努力工作实现目标，毅力较强，能够承受各种压力。

● 自信心（Self-confidence）

指个体在判断、决策、思考和

显示能力方面充满自信。

- **控制点**（Locus of control）

指介于控制命运方面的外控型和内控型信仰之间的倾向。

- **稳定性**（Stability）

指个体可以在情绪方面控制自己的一种能力。

- **诚信**（Integrity）

指个体具有一贯的诚实和道德的行为。

- **智商**（Intelligence quotient）

同 2.2。

- **情商**（Emotional quotient）

同 2.2。

- **灵活性**（Flexibility）

指个体调整适应不同情境的能力。

- **敏感性**（Sensitivity）

指个体对他人的敏感程度。

- **领导魅力**（Leadership charm）

指能使他人产生信任、崇拜和跟随的一些行为。它包括领导者成为下属行为的典范，得到下属的认同、尊重和信任。

- **感召力**（Charisma）

指领导者向下属表达对他们的高期望值，激励他们加入团队，并成为团队中共享梦想的一员。

- **智能激发**（Intelligent excitation）

指鼓励下属创新，挑战自我，包括向下属灌输新观念，启发下属发表新见解，鼓励下属用新手段、新方法解决工作中遇到的问题。

- **个性化关怀**（Individualized care）

指关心每一个下属，重视个人需要、能力和愿望，耐心细致地倾听，以及根据每一个下属的不同情况和需要有区别地培养和指导。

- **领导能力**（Leadership ability）

指组织的领导者影响组织实现其目标的能力，可以被形容为一系列行为的组合，而这些行为将会激励人们追随领导到达要去的地方，而不是简单的服从。

- **领导技能**（Leadership skills）

指领导者带领队伍开展工作、推动工作和完成工作的本领。

- **终身学习技能**（Lifelong learning skills）

指领导者为适应社会发展和实现个体发展的需要，坚持贯穿于人的一生的、持续的学习过程。

- **分析判断能力**（Analytical judgment ability）

指人对事物进行剖析、分辨、单独进行观察和研究的能力，要透过现象看本质，通过"去粗取精，去伪存真，由此及彼，由表及里"的深思熟虑，分辨是非，见微知著。

- **领导者谦逊**（Leader humility）

指领导者通过一系列权力均等行为表现出来的领导风格，这些行为相互促进，并以公司的成长统一起来。

- **成熟度**（Maturity）

指心理成熟程度，即有能力并且有意愿完成某项具体任务的程度。它包括成就动机、承担责任的意愿和能力、与工作相关的知识和经验、对待挫折的容忍力、处理人际关系的能力、对待事物的态度等。它取决于两个要素：工作成熟度和心理成熟度。

◇工作成熟度（Job maturity）

指一个人的知识和技能。工作成熟度高的人拥有足够的知识、能力和经验完成他们的工作任务而不需要他人的指导。

◇心理成熟度（Psychology maturity）

指一个人做某事的意愿和动机。心理成熟度高的个体不需要太多的外部激励，他们靠内部动机激励。

- **魅力型领导**（Charismatic leader）

指领导者的魅力作为人与人之间的一种吸引力，它对领导者是非常重要的，会使员工产生支持意愿和从心理上真正地接受。

8.4　领导行为理论

- **领导行为理论**（Behavioral theories of leadership）

领导行为理论研究领导者的行为，认为有成效的领导者通过和下属建立以任务为中心的关系，来帮助他们的群体实现某一特定的目标，他们关心和支持他们组织的成员达到个人目标的意图，这些目标包括工作满足感、晋升和得到赏识。这些领导者重点注意生产或关注任务完成的数量和质量，而支持下属的领导行为包括解决纠纷、保持群体愉快、给予鼓励和采取积极的强化措施等。20世纪40年代末俄亥俄州立大学将领导行为划分为两个维度，这两个维度充分体现了绝大多数领导的行为。

◇关怀维度（Consideration structure）

指领导者与其下属的工作关系，即相互信任、尊重下属意见和重视下属感情的程度。

◇定规维度（Initiating structure）

也称结构维度，指领导者为了达到组织目标，界定和建构自己和下属的角色的倾向程度。它包括对工作、工作关系和工作目标进行组织等。

密歇根大学的调查研究中心开展的领导力研究，根据领导者与绩效有关的领导行为，将领导者划分为两个维度。

◇以员工为导向的领导者（Employee-oriented leader）

指强调人际关系，关心员工的需求，并且认可员工的个体差异的领导者。

◇以工作为导向的领导者（Production-oriented leader）

指强调工作中的技术元素和任务元素，关心完成群里的任务的领导者。

- 关怀（Consideration）

指某人的工作关系有相互信任、尊重员工想法和感情等特点。

- 领导行为连续统一体（Leadership as continuum）

指领导风格与领导者运用权威的程度和下属在做决策时享有的自由度有关，在注重任务和支持下级这两个极端之间存在各种各样的领导行为，这些领导行为可以看作一个连续体，同时主张按照领导者运用职权和下属拥有自主权的程度把领导模式看作一个连续变化的分布带，以高度专权、严密控制为其左端，以高度放手、间接控制为其右端，从高度专权的左端到高度放手的右端，划分为七种具有代表性的典型领导模式，在一定的具体情况下考虑各种因素，采取最恰当的行动。

- 领导行为四分图理论（Leadership behavior quadrant theory）

指一种将刻画领导行为的因素高度概括的理论，具体将领导行为按照"关心人"（或称"体贴型"）和"关心组织"（或称"组织型"）

两个维度进行划分，领导者可以是单一的组织型或体贴型，也可以是两者的任意组合，即可以用两个坐标的平面组合来表示，用四个象限来表示四种类型的领导行为，它们是低组织低体贴、低组织高体贴、高组织低体贴、高组织高体贴。

- **领导作风理论**（Leadership style theory）

研究领导者的工作作风类型以及不同的工作作风对员工的心理和改变情境的力量的影响，以寻求最佳的领导，是从领导者静态特性研究转向动态研究的方法。它是由心理学家勒温提出的。他以权力定位为基本变量，把领导者在领导过程中表现出的极端工作作风分成三类，分别是专制式领导作风、民主式领导作风和放任式领导作风。

- **管理系统理论**（Management system theory）

也称为支持关系理论，由美国行为科学家伦西斯·利克特（R. Likert）提出。这一理论认为，领导者要考虑下属职工的处境、想法和希望，支持职工实现其目标的行动，让职工认识到自己的价值和重要性，认识到他们在工作中的经验和上下级间的接触是有助于他们个人价值和重要性的提升的。

- **管理方格理论**（Management grid model）

管理方格理论是美国得克萨斯州立大学心理学教授布莱克和莫顿于 1964 年提出的。管理方格理论是研究企业的领导方式及其有效性的理论，这种理论倡导用方格图表示和研究领导方式。该理论指出：在对生产关心的领导方式和对人关心的领导方式之间，可以有使二者在不同程度上互相结合的多种领导方式。管理方格是一张九等分的方格图，横坐标表示领导者对生产的关心程度，纵坐标表示领导者对人的关心程度，整个方格共有 81 个小方格，每个小方格表示"关心生产"和"关心人"这两个基本因素相结合的领导方式。具体对"关心生产"和"关心人"程度的组合，可以将领导分为 5 种类型。

◇贫乏型管理风格（Poor management style）

指一种既不关心生产，也不关心人员的管理风格，领导者以最小的努力完成必须做的工作，以维持组织成员的身份。

◇ 任务型管理风格（Task-based management style）

指一种"一心扑在工作上"的管理方式，领导者对工作极其关心，但忽视对人的关心，他们往往强调工作环境对工作绩效的影响，而不大重视人的因素对工作效率的影响，强调有效地控制下属，努力完成各项工作。

◇ 小市民型管理风格（Citizen management style）

既不偏重于关心生产，也不偏重于关心人，风格中庸，不设置过高的目标，能够得到一定的士气和适当的产量，但不是卓越的。

◇ 乡村俱乐部型管理风格（Rural club management style）

指对人非常关心，十分重视自己与下属、上司以及同僚的关系，但忽视工作的状况的管理风格。

◇ 团队型管理风格（Team management style）

指领导者对工作和人都极为关心，既高度重视各项任务的完成，又能通过与下属的沟通达到激励的效果，使员工们自觉齐心协力，这是理想的领导风格。

- **利克特的领导系统模型**（Likert's leadership system model）

指在企业中单纯依靠奖惩来调动员工积极性的管理方式将被淘汰，只有依靠民主管理，从内心调动员工的积极性，才能开发人力资源。相反，依靠独裁式管理，永远达不到民主体制所能达到的生产水平和对工作的满足感。企业管理的领导方式有四类：专制独裁式、温和独裁式、协商民主式和参与民主式。

◇专制独裁式领导（Autocratic leadership）

指领导者在人际关系中处于指导、强势和控制的地位。

◇温和独裁式领导（Benevolent-authoritstive leadership）

指领导权力控制在最高一级，但授予中下层部分权力。

◇协商民主式领导（Negotiated democratic leadership）

指上级对下级有相当程度的信任，但不完全信任，主要决策权掌握在高层，下级可以做具体问题的决策，双向沟通在相当信任的情况下进行，激励基本采用奖励方法，偶尔实行惩罚的一种领导方式。

◇参与民主式领导（Participatory democratic leadership）

指领导者完全信任下属，决策采取高度的分权化，既有自上而下的沟通，又有自下而上的沟通，还有同事之间的平行沟通，成员之间相互信赖的一种领导方式。

- **PM型领导模型**（Type pm leadership model）

指所有团体的组成，其目的可以归入下列两种中的一种，或两者兼而有之：（1）以达成特定的团体目标为目的；（2）以维持及强化团体关系为目的。因此，领导者为达到不同的目的而采取的领导行为方式可划分为三类，即目标达成型（P型）、团体维持型（M型）、两者兼备型。

◇P职能（Performance）

指领导者为完成团队目标所做的努力，主要考察工作的效率、规划的能力等。为达到第一个目的，领导行为的特征是"将成员的注意力引向目标""将问题明确化""拟定工作程序""运用专门知识""评定工作成果"等。

◇M职能（Maintenance）

指领导者为维持和强化团体所起的作用。为达到第二个目的，领导行

为的特征是"维持愉悦的人际关系""调停成员间的纠纷""激励大家""增强成员间的交互作用"等。

- **创建结构**（Initiaitng strucure）

指领导者在多大程度上会为了追求达成目标而定义或架构自己和员工的角色，这类行为包括试图对工作内容、工作关系和目标制定规划等。

- **相互支持原则**（Mutual support principle）

指领导者支持职工，激发出职工对领导者的合作态度和抱有信任感，从而支持领导。

- **领导宽恕**（Leader forgiveness）

指领导者会有意识地进行情绪调整，降低消极情绪体验，并在认知上放弃对员工的责怪想法，从而放弃报复员工的行为。

- **领导排斥**（Leader rejection）

指一种来自直接上级的职场排斥行为。

- **领导信任**（Leader trust）

指员工对领导所表现出的信任，包括概括化信任（高管团队）

和个人化信任（部门主管）。

- **领导认同**（Leadership identification）

是社会认同的一种，指个体根据自己和领导的关系身份对自我进行定义的一种状态。

- **领导言行一致**（Leader behavioral integrity）

是下属感知的领导者言语和行动的一致性程度，指领导者实际行为与其表达的态度、价值观的一致性，以及说话算数、信守承诺的程度。

- **领导者不当督导**（Leader's improper supervision）

指员工对上司持续地表现出语言性或非语言性敌意行为的知觉，但不包括肢体接触。

- **授权领导力**（Empowering leadership）

指主管对员工能力的信任程度，强调员工工作的重要性，让员工参与决策，减小或消除对员工的官僚限制。

- **集体领导力**（Collective leadership power）

指建立在集体主义价值观基础之上、具有合理分工的领导团队，通过一定的内部整合流程、使用变革的手段影响他人达成组织目标的能力。

- **文化领导力**（Cultural leadership）

指领导者对组织成员共享的理念体系——信念、价值观、准则——以及体现这一理念体系的文化载体的影响力。

- **愿景导向**（Vision orientation）

指企业领导者创造和构建的一种对企业未来的发展充满信心并具有吸引力的描述，反映了社会认知能力中的认知要素。

- **真实型领导**（Authentic leadership）

指领导者对自我概念有很好的认识，其行为与自我概念保持高度一致。

- **公仆型领导**（Servant leadership）

指通过服务满足他人需求和实现个人发展及成长的领导。

- **超越型领导**（Transcendental leadership）

指领导者能很敏锐地意识到外界的各种变化和变革的需要，为组织和员工创建愿景，感召员工向更美好的目标前进。

- **超级型领导**（Super-leadership）

指领导者逐渐地将其权力、责任和控制力转移给自我管理的工作团队，领导者带领下属领导他们自己，适用于那些有责任领导他人的领导者。领导者要通过一系列程序实现超级领导："在开始时进行示范—引导下属参与逐渐发展自我领导"。

- **交易型领导**（Transactional leadership）

指领导建立在组织的层级结构中的正统权力之上，着重点放在目标、工作任务和结果、组织奖励与惩罚的说明上。交易型领导力诉求于跟随者的自我利害关系。

- **战略型领导**（Strategic leadership）

指在复杂多变的环境中，领导者所表现出的一种预期未来、规划愿景、将战略性思考与鼓舞下属接纳变革相结合，从而为组织创造出切实可行的前景的领导能力。

- **包容型领导**（Inclusive leadership）

指领导者对企业相关人员的努力和贡献表示出被吸引及赞赏的言行。

- **共享型领导**（Shared leadership）

指全体员工都能在不同时间以非正式的不同方式承担领导责任。

- **顾问式领导**（Consultative leadership）

指重要问题的决定权在最高一级，中下层在次要问题上也有决定权。

- **机会主义领导**（Opportunisitic leadership）

指领导者具有能够使自我利益最大化的管理风格。

- **破坏型领导**（Destructive leadership）

指导致违反组织中的社会规范或对下属表现出攻击性的领导行

为，如领导的辱骂监督、威权主义、操纵行为、攻击性、自恋或心理变态行为。

- **辱虐型领导**（Abusive leadership）

指员工知觉到的上级持续表现出的怀有敌意的言语及非言语行为，如冷漠、吼叫、利用权力奚落和贬低等，但不包含身体接触类行为，辱虐型领导是一种破坏型的领导风格。

- **伦理型领导**（Ethical leadership）

指领导者在其个人行为和人际关系中向下属示范合乎规范的行为，并通过双向交流、强制和决策来促使下属这些行为的发生。

- **民主式领导**（Democratic leadership）

指主要决策由组织成员集体讨论决定，领导者采取鼓励与协助态度。分配工作时，尽量照顾到组织中每个成员的能力、兴趣和爱好，领导者主要运用个人权力，而很少使用职位权力。领导者与下级间的心理距离极小，在所设计的完成工作的途径和范围内，下属对于工作进行的步骤和所采用的技术的选择，拥有相当大的自由，有较大的选择性和灵活性。

- **放任式领导**（Laissez-faire leadership）

指组织成员或群体有完全的决策权，领导者放任自流，只负责给组织的成员提供工作所需的资料条件或咨询，而具体工作尽量不参与，一般情况下不主动干涉，工作几乎全部依靠组织成员个人自行负责。

- **权威式领导**（Authoritative leadership）

指所有政策均由领导者决定，所有工作的进行步骤和技术的采用，均由领导者发号施令，工作分配多由领导者单独决定，领导者较少接触下属，如有奖惩往往对人不对事。

- **压榨式集权领导**（Pressed centralized leadership）

指管理层对下级缺乏信心，权力集中在最高一级，下属很少参与决策，决策大多由管理层做出，然后以命令方式宣布，只有自上而下的沟通，上级与下级互不信任的一种领导方式。

- **仁慈式集权领导**（Benevolent centralized leadership）

指管理层对下属有一种谦和的态度，但下属仍小心翼翼，决策权力控制在最高一级，下属能在一定的限度内参与，但仍受高层的制约，有一定程度的自下而上的沟通的一种领导方式。

- **家长式领导**（Paternalistic leadership）

指在一种人治的氛围下，领导者显现出严明的纪律与权威、父亲般的仁慈及道德廉洁性的领导方式，对员工的顺从与违背实行奖惩分明政策。家长式领导包含三个重要维度：威权型领导、仁慈型领导和德行型领导。

◇**威权型领导**（Authoritarian leadership）

指领导者强调个人不容置疑的绝对权威，集权力于一身，专横地对下属施行严格控制，并要求下属绝对服从。

◇**仁慈型领导**（Benevolent leadership）

指领导者对下属进行个别且长久的关怀，不仅包括下属本身而且还会扩及下属的家人。

◇**德行型领导**（Moral leadership）

指领导者以高尚的个人品德和操守，影响和激励下属去实现企业目标的过程。

8.5 领导权变理论

- **权变理论**（Contingency theory）

权变理论又称情境理论。权变理论认为，组织中的个人和群体都是相互依存、相互影响的，同时整个组织依存于环境。领导的有效性是领导者、被领导者和环境相互作用的函数，它可用下列公式表示：领导的有效性 = f（领导者，被领导者，环境）。权变理论的基本观点是要根据环境的类型选择各种各样的领导方式，这里的环境是指组织中的领导者所直接考虑到的各种内外部因素的总和。

- **领导权变理论**（Contingency theory in leadership）

领导权变理论又称为领导情境理论，指一种具体的领导方式不会适用于各种情境，有效的领导行为应随着被领导者的特点和环境的变化而变化，在不同的情境下需要不同的素质和行为，如此才能达到有效的领导。领导情境理论将领导划分为任务行为（关心任务）和关系行为（关心人）两个维度，并根据两个维度组合。

◇任务行为（Task behavior）

指领导者对跟随者的行动提供指示，为其设置目标、角色以及执行办法。

◇关系行为（Relationship behavior）

指领导者与跟随者进行双向沟通，倾听并提供支持和鼓励。

- **情境领导理论**（Situational leadership theory）

情境领导理论由赫塞（Paul Hersey）和布兰查德（Ken Blanchard）提出，他们认为下属的"成熟度"对领导者的领导方式起重要作用。所以，对不同"成熟度"的员工采取的领导方式有所不同。领导关注领导关系中的下属，成功的领导取决于是否能够根据下属的状态来选择正确的领导风格，下属的状态指的是他们是否愿意并且有能力完成某个特定的任务。在管理方格图的基础上，根据员工的成熟度不同，将领导方式分为四种：命令型领导、说服型领导、参

与型领导和授权型领导。

◇命令型领导（Telling leadership）

指领导者表现为高工作低关系型领导方式，领导者对下属进行分工并具体指点下属应当干什么、如何干和何时干，它强调直接指挥。因为在这一阶段，下属缺乏接受和承担任务的能力和愿望，既不能胜任又缺乏自觉性。

◇说服型领导（Persuasive leadership）

指领导者表现为高工作高关系型领导方式。领导者既给下属以一定的指导，又注意保护和鼓励下属的积极性。因为在这一阶段，下属愿意承担任务，但缺乏足够的能力，有积极性但没有完成任务所需的技能。

◇参与型领导（Participative leadership）

指领导者表现为低工作高关系型领导方式。领导者与下属共同参与决策，领导者着重给下属以支持及其内部的协调沟通。因为在这一阶段，下属具有完成领导者所交给任务的能力，但没有足够的积极性。

◇授权型领导（Empowered leadership）

指领导者表现为低工作低关系

型领导方式。领导者几乎不加指点，由下属自己独立地开展工作，完成任务。因为在这一阶段，下属能够而且愿意去做领导者要他们做的事。

- **费德勒的权变理论**（Fiedler's contingency theory）

费德勒的权变理论考虑了领导者的特性和情境的特性两个方面，同时假设领导者会倾向于一整套特定的领导行为，即领导者是任务导向或者关系导向。任务导向的领导者是指令型的，将情境结构化，设置最后期限并做好任务分配；关系导向的领导者关注的是人员，他们是体贴型的。费德勒认为，最重要的领导问题是将领导者的个性与他们所处的情境进行匹配。这种理论认为有效的群体取决于领导者与下级打交道的风格，以及情境对领导者的影响和控制程度之间适当的匹配。该理论的特点是将个体的个性和特点与情境联系起来，将领导效果作为两者的函数进行预测。他把影响领导者领导风格的环境因素归纳为三个方面：职位权力、任务结构和上下级关系。

◇职位权力（Position power）

指领导者所处的职位所赋予其的法定权力，这些权力变量包括招聘、解聘、处罚、晋升和加薪等。

◇任务结构（Task structure）

指为完成工作目标而设立的规则、条理和工序的步骤数量和清晰度，即工作任务的程序化，或者说结构化或者非结构化程度。

◇上下级关系（Leader-member relation）

指领导者受到下级爱戴、尊敬和信任以及下级情愿追随领导者的程度。

- **路径－目标理论**（Path-goal theory）

指领导者的效率是以能激励下级达成组织目标并在其工作中使下级得到满足的能力来衡量的。当组织根据成员的需要设置某些报酬以激励组织成员时，组织成员就萌发了获得这些报酬的愿望，并开始做出努力。路径－目标理论告诉我们，领导者可以而且应该根据不同的环境特点来调整领导方式和作风，具体领导方式可以分为四种。

◇指示型领导方式（Directive leader）

指领导者进行角色分类，领导者让下属知道对他的期望是什么，以及完成工作的时间安排，并对如何完成任务给出具体指示。

◇支持型领导方式（Supportive leader）

指领导者对下属友好，平易近人，平等待人，关系融洽，关心下属的生活福利。领导向下属提供他拥有的知识或支持而要求下属服从。

◇参与型领导方式（Participative leader）

指领导者经常与下属沟通信息，商量工作，虚心听取下属的意见，让下属参与决策，参与管理。

◇成就取向型领导方式（Achievement-oriented leader）

指领导者鼓励下属将工作做到尽可能高的水平，强调出色的工作表现，同时坚信下属能达到预期的要求。

• **不成熟－成熟理论**（Theory of immaturity-maturity）

不成熟－成熟理论研究领导者的领导方式对下级成长的影响，认为一个人由不成熟到成熟的变化是持续的、循序渐进的。一般正常人都是随着年龄的增长，心理会由不成熟日趋成熟。因此，领导者应针对下级不同的成熟程度分别指导，对那些心理不成熟的人，应采用传统的领导方式；对比较成熟的人，应扩大个人责任，创造一个有利于其发挥才能和成长、发展的工作环境。

• **领导生命周期理论**（Life cycle theory of leadership）

领导生命周期理论将领导行为四分图和不成熟－成熟理论相结合，创造出三维空间领导效率模型。领导生命周期理论指有效的领导行为要把工作行为、关系行为和被领导者的成熟度结合起来考虑，生命周期理论便是反映工作行为、关系行为和成熟度之间的曲线关系。被领导者不成熟时高任务低关系的命令最有效；被领导者初步成熟时高任务高关系说服式效果好；被领导者比较成熟时低任务高关系的参与式效果好；被领导者成熟度高时采用授权式效果最好，且授权后不能撒手不管，要跟踪监督。

• **最难共事者量表**（Least preferred co-worker scale）

指通过测量某人是偏向任务导向还是关系导向，从而确定他属于哪种领导风格的量表。

- CPM 量表（Character performance maintenance scale）

指适合中国科研单位和行政管理部门的领导行为评价量表。中国领导行为评价模式一般由三个因素构成：C 因素（Character and Morals，个人品德），P 因素（Performance，工作绩效），M 因素（Maintenance，团体维系）。即除 P 和 M 因素外，还应该有一个 C 因素（个人品德）。P 和 M 因素反映的是管理中的共性，而 C 因素反映的是管理中的个性，即文化特异性。

- 下属的成熟度（Maturity of subordinates）

指人们有意愿和能力完成某项特定任务的程度，一般指责任心、成就感、工作经验和受教育程度等。

- 变革能力（Transformative capability）

指：（1）挑战现状并为变革制定令人信服的方案的能力；（2）激发出追随者对未来的共同愿景认同的能力；（3）在改革期间提供高效领导的能力。（4）使这次变革成为组织永久制度化的一部分的能力。

- 权变奖励型领导（Contingency reward leadership）

指领导和下属间的一种主动、积极的交换，领导认可员工完成了预期的任务，员工也得到了奖励。

- 直接型领导（Directive leadership）

指领导者必须要给予具体的指导，包括工作任务和工作安排等，并明确对下属的期望。

- 决定式领导（Decisive leadership）

指领导者独自制定决策，之后向小组宣布或强行决定。

- 分别商议式领导（Individual consultative leadership）

指领导者一对一地和小组成员商议问题，了解到每个人的想法后，再做出最终决定。

- 小组商议式领导（Group consultative leadership）

指领导者在会议上将问题呈现给小组，争取他们的意见，然后做出决定。

- **引导式领导**（Guided leadership）

　　指领导者作为引导者在会议上将问题呈现给小组，大家明确问题及制定决策的权限。其他小组成员的想法与领导者的想法同样受到重视。这种形式的目的是达成合作。

- **领导者和追随者的相互依赖**（The interdependence of leaders and followers）

　　指领导者和追随者之间对所重视的目标和资源的控制。

- **领导者信息共享行为**（Leader's information sharing behavior）

　　指领导者公开与下属分享、讨论和交流重要决策信息的行为。

8.6　当代领导理论

- **领导力的归因理论**（Attibution theory of leadership）

　　指领导力只不过是人们对他人的成功所做出的归因。领导者对下属行为原因的解释，尤其是对下属工作绩效的归因影响着不同管理措施的采用。在归因分析时，领导者通常会先观察下属的绩效表现；然后，试图找出下属的绩效达到、超过或低于预期和要求的原因，尤其是遇到下属出现低绩效的情况时，领导者就会更加认真地分析，根据对员工的行为表现以及环境线索的观察进行归因；最后根据归因的结果，决定采取什么样的管理对策。

- **领导-成员交换理论**（Leader-member exchange theory）

　　领导-成员交换理论亦称"LMX理论"，主要阐述领导者区别对待下属的理论，由葛伦（George Graeo）等人于1976年提出。领导-成员交换理论认为领导者与下属中不同成员的亲疏程度是影响领导绩效的重要变量。领导者由于下属贡献、时间压力、个人喜好等原因区别对待下属，并形成质量不同的领导者-下属交换关系。高质量的领导者-下属交换关系使领导者将下属看作"圈内成员"，低质量的交换关系中的下属被看作"圈外成员"。

- **差序式领导**（Differential leadership）

　　指一种偏私的领导风格，其核心是对员工进行归类，形成圈内人和圈外人两类员工，并对圈内人和圈外人区别对待。

● **道德领导**（Ethical leadership）

指领导者通过个人行动和人际关系展现符合规范的适当行为，以及通过双向沟通、强化和做出决定等来影响追随者表现此类行为的过程。

● **双元领导**（Ambidexterity leadership）

指领导者为满足组织和下属的双重需要，综合运用动态和协同策略处理组织矛盾的过程。

● **变革型领导**（Transformational leadership）

指领导者通过让员工意识到所承担任务的重要意义和责任，激发下属的高层次需要或扩展下属的需要和愿望，从而使下属为了团队、组织和更大的政治利益而超越个人利益。

● **群体导向变革型领导**（Group-focused transformational leadership）

指领导者通过团队成员交换（TMX），能够成功地促进团队绩效的提高，而通过领导－成员交换（LMX），能够成功地促进以个人为中心的变革型领导，从而促进团队成员的角色内外绩效的提高。

● **关系型领导**（Relational leadership）

指从整个组织出发，致力于构建沟通自由、组织成员相互信任的组织关系，致力于组织和个人共同目标达成的一种领导行为。关系型领导将领导行为置于组织的各种复杂关系之中，如何实现与组织成员的有效沟通、营造良好的组织关系、促进组织成员形成与组织一致的目标是关系型领导关注的主要方面。领导能力不能仅仅通过审查领导者和成员的个人特征来体现，而是通过全员共同体现。

● **价值观型领导**（Value-based leadership）

指领导者能够通过价值观来激励和启发员工，员工在潜移默化中接受领导者的价值观，并逐渐从认同转化为自身的价值观。

● **群际型领导**（Inter-group leadership）

指领导者为了促进群际关系和谐，对两个或两个以上的下属群体实施影响，激励各下属群体共同合作为组织的既定目标而努力。

- **转换型领导**（Transformation leadership）

    指领导者预期未来的趋势，激发下属理解并包容一种新的可能的愿景，使下属成长为领导者或更好的领导者，转换型领导目的是把组织建设成一个学习者的集体。

- **社会化魅力型领导**（Socialized charismatic leadership）

    指领导者的领导风格具有一种利他的价值观（相对于以自我为中心而言），领导者注重以身作则去向员工示范什么是道德的行为。

- **管理型领导**（Managerial leadership）

    指领导者偏向做出使当前情境更有效的行为，并帮助员工在现有的企业或团队目标下变得更具生产力、更满意现状。

- **例外管理型领导**（Exception management leadership）

    指领导者借助于关注员工的失误、延期决策和避免差错发生前的介入等，与下属进行交换，并按领导者介入时间的不同分为主动和被动两种类型。主动型的例外管理领导者，一般在问题发生前，持续监督员工的工作，以防止问题的发生，一旦发生问题，立即采取必要的纠正措施，当然也积极搜寻有可能发生的问题或与预期目标偏离的问题。领导者在员工开始工作时，就向员工说明具体的标准，并以此标准监督误差。被动型的例外领导者则往往在问题已经发生或没有达到规定的标准时，以批评和责备的方式介入。

- **公仆型领导**（Civil servant leadership）

    指一种具有超越自身利益，将注意力集中在帮助追随者成长和发展上的领导方式，领导者不会使用权力来达到目的，而是强调说服的过程。典型的公仆型领导表现包括倾听、移情、说明、有管家精神和责任感、积极开发追随者的潜力。

- **仆人型领导**（Servant leadership）

    指领导者会超越自身的利益，寻找帮助下属成长的机会，领导者不会利用手中的权力来实现某种目的，而是用来说服下属。

- **诚信型领导**（Authentic leadership）

指领导者在领导过程中能够表现出诚实守信、言行一致、表里如一和诚恳负责的品质和行为，从而有利于团体实现组织目标。诚信型领导过程对领导者和下属的自我意识以及自我控制行为具有正面的影响，并将激励和促进积极的个人成长和自我发展。

- **柔性型领导**（Flexible leadership）

柔性型领导是柔性管理情境、知识员工和领导者互动的产物。尤克尔认为，可以从领导者与下属的二元关系以及个体、群体和组织层面来定义领导。柔性型领导指领导者与下属之间是一种双向平等、协同的对偶关系，即双方在平等的基础上承担各自的责任以赢得对方的信任。这种信任关系是组织成员在对自身与组织利益关系进行权衡之后做出的理性选择。柔性领导将这种信任转化为组织文化的一部分，通过组织文化的传播与影响，缩短组织及成员间的信任关系由交换关系驱动型向人际关系驱动型升级的时间，从而提高领导效能。

- **隐性型领导**（Implicit leadership）

指领导者的领导方式主要以下属为中心，并以领导行为的内隐为根本。领导者主要通过设计和改变环境及条件，提供引导、支持和服务等手段来对下属施加无形的领导力。隐性型领导强调软性和柔性控制，让下属不知不觉接受领导，从而达到"无为而治"的领导境界。

- **服务型领导**（Service leadership）

指领导者具有将员工的需求、愿景和利益的满足置于首位，并以此为手段去领导下属的一种领导类型。

- **精神型领导**（Spiritual leadership）

指领导者将领导力、精神性和个人的意义感联系在一起，主张内在地激励自己和他人以便满足追随者对于使命和成员身份的认可、精神性的存在和生命意义感等方面的需求来实现领导的有效性。

- **自我型领导**（Self-leadership）

指任何人都可能是自己的主导者，所有的变化都属于自我改变，只有个人才有权选择和确定新的方向，所有的重新组合主要针对自己的个人目标和价值。在此情境下，任何人不但必须面对外部竞争的威胁，而且也要对付内部缺乏领导凝聚力的威胁。

- **愿景型领导**（Visionary leadership）

指领导者相比其他领导者更加重视对愿景的建立和实现，因为愿景型领导者认为企业发展的动力是计划远期发展的景象，并根据现有阶段经营与管理发展的需要，对企业未来发展方向作出定位。

- **愿景**（Vision）

指一种将组织的现实与美好的未来联系起来从而帮助组织实现目标的长期战略。

- **愿景陈述**（Vision statement）

指具有激励性质的理想陈述，它通常是由员工共同创造，目的在于激励成员不断努力。

- **领导集体的心理结构**（The psychological structure of leadership collective）

指由若干个不同心理特征的领导者按照一定的序列进行组合，由集体心理过程的认知系统、动力系统、调节系统三方面形成的一种显示心理特征的动态综合结构。

- **导师**（Mentor）

指对经验欠缺的学徒提供支持和帮助的资深员工。

- **职务轮换**（Job rotation）

指有计划地按照大体确定的期限，让受训者在不同部门的不同管理岗位或非管理岗位上轮流工作，从而达到考察受训者的适应性和开发受训者多种能力的目的。

- **领导者接续计划**（Leader succession plan）

指确认每个领导岗位的候选人并对他们的目前表现、提升潜力及其他基本情况做出评价。

- **理想化影响**（Idealized influence）

指下属应尽力效仿或反映转换风格领导者的行为，从而使员工能够产生与崇拜、尊重和信任相关的一些行为，如良好的道德品质、敢于承担风险、善于考虑其他员工的需求等。

- **动机激发**（Motivation stimulation）

  指领导者通过在下属的工作中为他们提供有意义的动机来指导下属的行为，其中包含明确描述预期目标（该目标受到整个组织目标的约束）和通过积极乐观的态度唤起团队精神等。

- **智力激励**（Intellectual stimulation）

  指领导者激励下属具有创新精神和创造力，启发员工发表新的见解和从新的角度或视野寻找解决问题的方法和途径，鼓励员工采用创新的方式完成任务。

- **个人化的考虑**（Personal consideration）

  指转换风格的领导者特别注意满足每一个下属的成就和成长的需要。

- **玻璃悬崖**（Glass cliff）

  指女性或少数族裔领导者在公司中所处的危险领导位置。具体来说，女性或少数族裔在工作中经常性地处于各种困境中，尤其体现在升职过程中。对于已处于较高位置如管理层的女性或少数族裔，他们同样面临着比男性或其他人员更为严苛的环境。

- **活力型下属**（Dynamic follower）

  指一个对自己和工作负责的管理人，他能够有效地处理自我与老板的关系，并且能够负责任地进行自我管理。

- **社会企业家精神**（Social entrepreneurship）

  指领导者具有勇于担当社会责任、敢于承担创新风险和具有战略决策力的精神特质。

引用文献

书籍：

[1] 陈春花．（2013）．组织行为学．机械工业出版社．

[2] 关培兰．（2015）．组织行为学（第4版）．中国人民大学出版社．

[3] 胡立君，唐春勇，石军伟．（2016）．组织行为学（第2版）．武汉理工大学出版社．

[4] 胡君辰，吴小云．（2010）．组织行为学．中国人民大学出版社．

[5] 胡君辰．（2014）．组织行为学（第2版）．中国人民大学出版社．

[6] 李爱梅．（2011）．组织行为学．机械工业出版社．

[7] 李爱梅，凌文轻．（2015）．组织行为学（第2版）．机械工业出版社．

[8] 劳里·马林斯，吉尔·克里斯蒂．（2015）．组织行为学精要（第3版）．清华大学出版社．

[9] 詹姆斯·坎贝尔·奎克，戴布拉·尼尔森．（2013）．组织行为学：现实与挑战（第7版）．清华大学出版社．

[10] 聂锐，芈凌云，吕涛．（2008）．管理学．机械工业出版社．

[11] 斯蒂芬·罗宾斯，蒂莫西·贾奇．（2016）．组织行为学（第16版）．中国人民大学出版社．

[12] 张德，陈国权．（2011）．组织行为学（第2版）．清华大学出版社．

期刊：

[1] 陈璐，柏帅皎，王月梅．（2016）．CEO变革型领导与高管团队创造力：一个被调节的中介模型．南开管理评论，19（2），63-74．

[2] 陈志霞，涂红．（2017）．领导排斥的概念及其影响因素毒性三角模型．管理评论，29（8），156-166．

[3] 高日光．（2009）．破坏性领导会是组织的害群之马吗——中国组织情境中的破坏性领导行为研究．管理世界，（09）：124-132+147．

[4] 简浩贤，徐云飞，曹曼，赵曙明．（2017）．基于组织认同视角的包容性领导与员工敬业度关系研究．管理学报，14（11），1624-1630．

[5] 李超平，毛凯贤．（2018）．变革型领导对新员工敬业度的影响：认同视角下的研究．管理评论，30（7），138-149．

[6] 李燃，王辉，赵佳卉．（2016）．真诚型领导行为对团队创造力的影响．管理科学，29（5），71-82．

[7] 林晓敏，林琳，王永丽，白新文．（2014）．授权型领导与团队绩效：交互记忆系统的中介作用．管理评论，26（1），78-92．

[8] 林英晖，程垦．（2017）．差序式领导与员工亲组织非伦理行为：圈内人和圈外人视角．管理科学，30（3），35-50．

[9] 刘冰，齐蕾，徐璐．（2017）．棍棒之下出"孝子"吗——员工职场偏差行为研究．南开管理评论，20（3），182-192．

[10] 卢俊婷，张喆，贾明．（2017）．公仆型领导对员工组织公民行为影响的跨层次研究：一个有中介的调节模型．管理评论，29（7），187-199．

[11] 舒睿，舒睿，梁建．（2015）．基于自我概念的伦理领导与员工工作结果研究．管理学报，12（7），1012．

[12] 苏屹，周文璐，崔明明，赵健宇．（2018）．共享授权型领导对员工创新行为的影响：内部人身份感知的中介作用．管理工程学报，32

（2），17－26.

[13] 王震，许灏颖，宋萌．（2018）．"说话算话"的领导让下属更效忠：中国传统"报"文化视角下的领导言行一致与下属忠诚．管理评论，30（4），106－119.

[14] 魏钧，董玉杰．（2017）．团队断裂带对员工绩效的影响：一项跨层次研究．管理工程学报，31（3），11－18.

[15] 翁清雄．（2015）．基于元分析的魅力型领导与组织绩效的关系研究．管理学报，12（2），223.

[16] 吴梦颖，彭正龙．（2018）．破坏性领导、上级压力与强制性组织公民行为：领导－部属交换关系的调节作用．管理评论，30（10），141－152.

[17] 徐珺，尚玉钒，宋合义．（2018）．上级发展性反馈与创造力：一个被调节的中介模型．管理科学，31（1），69－78.

[18] 薛澜，赵静．（2017）．转型期公共政策过程的适应性改革及局限．中国社会科学，(9)，45－67.

[19] 杨百寅，王念，张震．（2014）．集体领导力理论基础探析．管理学报，11（10），1428.

[20] 张亚军，张金隆，张千帆，张军伟．(2015)．威权和授权领导对员工隐性知识共享的影响研究．管理评论，27（9），130－139.

[21] 张永军．（2017）．伦理型领导与员工反生产行为：领导信任、领导认同与传统性的作用．管理评论，29（12），106－115.

[22] 仲理峰，孟杰，高蕾．（2019）．道德领导对员工创新绩效的影响：社会交换的中介作用和权力距离取向的调节作用．管理世界，35（05）：149－160.

[23] Burns J. M.（1978）. Leadership. New York：Harper & Row.

[24] Chun, J. U., Cho, K., & Sosik, J. J.（2015）. A multilevel study of group-focused and individual-focused transformational leadership, social exchange relationships, and performance in teams. *Journal of Organizational Behavior*, 37（3），374－396.

[25] Elijah, X. M., Wee H. L., & Jun, L.（2017）. Moving from abuse to reconciliation：A power-dependency perspective on when and how a follower can break the spiral of abuse. *Academy of Management Journal*, 60（6），1－53.

[26] Li, J., Bonn M. A., Ye, B. H.（2019）. Hotel employee's artificial intelligence and robotics awareness and its impact on turnover intention：The moderating roles of perceived organizational support and competitive psychological climate. *Tourism Management*, 73：172－181.

[27] Owens, B. P., & Hekman, D. R.

（2016）. How does leader humility influence team performance? Exploring the mechanisms of contagion and collective promotion focus. *Academy of Management Journal*, 59 （3）, 1088 – 1111.

[28] Robert G. Lord, Paola Gatti, & Susanna L. M. Chui. （2016）. Social-cognitive, relational, and identity-based approaches to leadership. *Organizational Behavior & Human Decision Processes*, 136, 119 – 134.

第九章　沟通

9.1　沟通的概念

● **沟通**（Communication）

沟通也称为"信息沟通"，指人与人之间、群体与群体之间、组织与组织之间传达思想、交流情报、传递信息的过程。

● **信息沟通过程模型**（Information communication process model）

发送者把信息传递到接收者，中间共有六个环节，分别是确定概念、编码、传递、接收、译码和应用。

◇确定概念（Define concept）

指信息的发送者要清晰地意识到自己要表达什么样的信息。

◇编码（Coding）

指将信息转换成可以传输的信号的过程，这些信号可以是文字、数字、图画、声音或身体语言。

◇传递（Transfer）

是信息发送者这一方的最后一个环节。发送者在传递信息时要选择适当的沟通渠道，并采用适当的方法，保证沟通渠道畅通无阻，尽可能减少噪声的干扰。

◇接收（Accept）

在接收环节，接收者的主观能动性体现在他们寻找正确的渠道，提高自己接收信息的能力，尽可能完整地接收传递过来的信息。

◇译码（Decoding）

指接收者将获得的信号解译为可理解信息的过程。

◇应用（Application）

指接收者对信息应有所反应。有的反应是内在的，有的反应是外在的；有的反应是即时的，有的反应是延续的，暂时观察不到。

- **通道**（Channel）

指由信息发送者选择的、借以传递信息的媒介物。

- **反馈**（Feedback）

指接收者将信息返回给发送者，并对信息是否被接受和理解进行核实，这是沟通过程的最后一个环节。反馈的目的是证实。

- **人际沟通模型**（Interpersonal communication model）

◇背景（Background）

指沟通所面临的总体环境，既包括物质环境，又包括非物质环境。

◇发送者（Communicator）

指产生消息的人。

◇接收者（Receiver）

指消息的接收人。

◇知觉屏蔽（Perceptual screen）

是我们借以与世界上的人进行互动的窗户，发送者和接收者之间信息的阻断会影响消息的准确性和清晰度。

◇消息（Message）

指发送者试图引起接收者共鸣的思想和感情。

◇数据（Data）

指消息中没有经过解释和分析的元素。

- **思考式聆听**（Reflective listening）

一种倾听别人讲话的技巧，指聆听者认真倾听另一个人讲话，并且就所听到的消息向讲话者作出反馈，以便纠正其中不准确的地方或者指出无法理解的地方。

- **信息性知识**（Know-what）

大众媒介传播过程中，那些给人以教育，使人增长知识、提高文化水平的知识。

- **外部交互**（External interaction）

指由于工作需要与业务部门外部的利益相关者进行互动的程度。

- **信息公正**（Informational justice）

信息公正抓住了沟通的公平性，当管理者遵守诚实和公正的规则时，信息公正就得到了促进。

- **语境启动**（Contextual-priming）

指由焦点信息与相邻信息之间进行概念关联，进而引起的高阶范畴的激活。

- **信息结构**（Information structure）

指信息单元在一组信息中彼此

关联的方式，可以是多层级的或扁平的。

- **信号理论**（Signal theory）

信号理论用于解释申请人如何根据他们感知的工作和组织特征来进行工作选择。

9.2 沟通的分类

- **正式沟通**（Formal communication）

指通过组织明文规定的信息通道进行与工作相关的信息传递和交流，是组织内部信息传递的主要方式，组织中大量的信息都是通过正式沟通进行传递的。

- **非正式沟通**（Informal communication）

指在正式沟通渠道以外进行的信息传递和交流。如员工之间私下交谈，传播小道消息等。它不受团队监督的约束，自行选择沟通的渠道和内容，一般以团体成员人际关系为基础，通过人际关系的疏密程度来决定沟通的形式和内容，具有不稳定性、随机性和不负责任等特点。

- **语言沟通**（Verbal communication）

指借助语言符号系统进行的沟通，包括口头语言和书面语言等。

- **非语言沟通**（Nonverbal communication）

指借助非正式语言符号，即口头表达及文字以外的符号系统进行的沟通。包括有声语言与无声语言。

- **口头沟通**（Oral communication）

指运用口头表达进行信息传递和交流。如谈话、讨论、会议、对话、演说、口头指示、汇报、电话等。

- **书面沟通**（Written communication）

指以文字作为信息传递工具的一种沟通方式，例如报表、文件、传真电报/电文、书信、电子邮件等都属于书面沟通。

- **有声语言**（Verbal language）

指通过非语词的声音如重音、声调的语言变化来传达信息。

- **无声语言**（Nonverbal language）

无声语言又称为非自然语言或态势语言。它可以分为三大类：表情语言、动作语言、体态语言。

◇表情语言（Expression language）

指人的脸部情感状态，是由脸色的变化、面部肌肉的抽动以及五官的动作所组成。

◇动作语言（Action language）

指手、躯体、头部等的动作所表达的信息。

◇体态语言（Body language）

指人的各种静态的姿态，如坐、立、睡、蹲、俯、仰等姿态以及人的仪表（仪表是体态语言的重要组成部分）所表达的信息。

- **上行沟通**（Uplink communication）

指按组织职权层次由下而上的信息流动，主要是启发式的，通常存在于参与式和民主式的组织环境中。

- **下行沟通**（Downward communication）

指在组织职权层次中，信息从高层次成员向低层次成员的流动，是我国企业中采用的最为普遍和传统的沟通方式，在具有独裁主义气氛的组织中尤为突出。

- **平行沟通**（Parallel communication）

指组织结构中处于同一层级的成员之间进行的沟通，人们需要而且必须能够在部门之间进行交流，突破功能界限去倾听"内在客户"的需要。

- **横向沟通**（Horizontal communication）

同一工作群体的成员之间、不同工作群体但同一层级的员工之间、同一层级的管理者之间或任何等级相同的人员之间的沟通都称为横向沟通。

- **单向沟通**（One-way communication）

指沟通时，一方只发送信息，而另一方只接收信息，发送者与接收者之间的地位不变。这种沟通方式的优点是信息传播速度快，缺点是准确性较差，有时还容易使接收者产生抗拒心理。

- **双向沟通**（Two-way communication）

指发送信息者在信息发出后，

还要听取对方对信息的反馈意见，直到双方对信息有了共同的了解为止。这种沟通方式的优点是沟通信息的准确性较高，接收信息者有反馈意见的机会，使其有参与感，有助于双方建立良好的人际关系。缺点是信息发送者随时会受到信息接收者的质疑和批评，因而心理压力较大，此外，信息的传递速度比较慢。

- **斜向沟通**（Diagonal communication）

　　指正式组织中不同级别又无隶属关系的组织、部门与个人之间的信息交流。

- **沟通网络**（Communication network）

　　指群体中人与人之间信息交流的结构形式。

- **链式沟通网络**（Chain communication network）

　　指在一个组织系统中，代表一个企业中五个等级的上下级组织，彼此之间交流信息是采取上情下达和下情上报的形式。

- **链式沟通**（Chain communication）

　　信息在组织内逐级传递，只能自上而下或是自下而上。处于两端的人只能与一个邻居交谈，是最不利的。处于中间位置的人最有利，与其他人距离相等，其余三人是平等的。

- **环式沟通网络**（Loop communication network）

　　指一个封闭式控制结构。在这个网络中，个人心理满意程度无明显的高低之分，处于中间状态。

- **环式沟通**（Ring communication）

　　指信息在人员之间依次传递，不能跨越相邻成员与他人沟通；全体成员之间是平等的，每个人只能与两个邻居交流，不能与其他人交流。

- **轮式沟通网络**（Wheeled communication network）

　　通过中间人进行人际沟通，只有一个成员能够与其他任何人交流，所有其他人只能与中间人进行交流，中间人是各种信息的汇集点与传递中心。

- **全通道式沟通**（Full channel communication）

　　指信息在所有成员之间沟通，

是一个全方位开放式的沟通网络系统；所有成员相互之间都可以交流，权利平等，沟通速度较快。

• **Y 式沟通**（Y-style communication）

指信息逐级传递，典型的直线—职能权力关系；三个成员处于末端，其余二人中一个能与三个人交流，另一个人只能与两个人交流。

• **电子沟通**（Electronic communication）

电子沟通是当代组织中不可或缺的沟通手段，且在大约71%的组织中，电子沟通是最主要的沟通媒介。电子沟通包括电子邮件、文本通信、网络软件和视频会议等。

• **防御性沟通**（Defensive communication）

防御性沟通包括进攻型、攻击型和愤怒型沟通，也包括被动型和退缩型的沟通。

• **非防御性沟通**（Nondefensive communication）

非防御性沟通是一种果断的、直接的、有效的沟通方式。

• **非正式互动**（Informal interaction）

指对社会关系及事件本质的隐性假设和内生偏好，以及特定的个性化的关系纽带。

9.3 互联网时代的沟通

• **网络沟通**（Internet communication）

指企业的管理者通过基于信息技术的互联网（包括公司内部的网络、公司本身的网站和外部网）来实现企业对内和对外的沟通。

• **电子邮件沟通**（E-mail communication）

指计算机网络上的各个用户之间通过电子邮件进行沟通和交流。

• **网络电话**（Voice over internet protocol）

指通过互联网直接拨打对方固定电话和手机的沟通方式。

• **网络传真**（Network fax）

指基于电话交换网（PSTN）

和互联网的传真存储转发，也称电子传真。

- **电子公告板**（Bulletin board system）

又称电子论坛，指一种交互性强、内容丰富而又及时的网络电子信息服务系统。它提供一块公共电子白板，用户可以将自己对某产品的建议或对某事件的看法写成小文章，张贴在电子公告牌上，也可以针对公告牌上自己感兴趣的话题进行讨论。

- **即时通信**（Instant message）

指能够即时发送和接收互联网消息等的业务，允许两人或多人使用网络即时传递文字信息、文档、语音和进行视频交流。

- **视频会议**（Video conference system）

又称会议电视系统，指两个或两个以上地方的个人或群体，通过网络通信技术来实现的虚拟会议。

9.4　沟通障碍及改善

- **沟通障碍**（Communication barrier）

指人际、团体之间交流意见、传递信息时所存在的困难。事实上，任何信息在沟通过程中都会发生或多或少的损失，也就是说，由于在沟通过程中某些障碍存在，无法绝对保证沟通的准确性和完整性。

- **沟通有效性**（Communication effectiveness）

指沟通的效率、准确性和实时性。

- **沟通恐惧**（Communication apprehension）

指个体在口头沟通或书面沟通时感到过分紧张和焦虑的情绪。

- **沟通途径**（Gateways to communication）

指克服沟通障碍的途径，它能解决那些由沟通障碍引起的问题。

- **沟通的保真程度**（Fidelity of communication）

指信息源的意图与接收者对信息理解的一致性程度。

- **沟通的视窗理论**（Johari window）

沟通的视窗理论是由约瑟夫和

哈里在 20 世纪 50 年代提出的。视窗理论将人际沟通的信息比作一个窗子，它被分为 4 个区域：开放区、隐秘区、盲目区、未知区，有效沟通就是这四个区域的有机融合，开放区是自己知道、别人也知道的信息，盲目区是自己不知道、别人可能知道的盲点。

- **信息加工**（Information processing）

指将收集到的原始信息按照一定的程序和方法，进行分类、鉴别、计算、分析和编写，使之成为可供利用或储存的真实、可靠的信息资料。

- **信息价值**（Information value）

指信息的有用程度。

- **信息容量**（Information capacity）

指信息能够反映客观事物的深度和广度。

- **信息超载**（Information overload）

指接收的信息数量超过个人处理能力的状况。

- **信息获取**（Access to information）

指团队为了讨论与反思工作问题，通过各种渠道分享知识和经验的过程。

- **信息存储**（Information storage）

指团队对与工作相关的知识和经验进行收集、总结和记录的过程。

- **信息提取**（Information extraction）

指团队基于工作需要以及环境变化，通过运用知识改进行为与创新方法的过程。

- **信息开放性**（Information openness）

指个体自身持有的各种信息被他人理解和使用的意愿，包括外显信息开放性和内隐信息开放性。

- **信息栓塞**（Information impactedness）

指相关信息被某些当事方所知，但不能被其他当事方免费识别或显示的程度。

- **信息的可信度**（Credibility of information）

指信息源发出的信息可以被相信的程度。它取决于两个因素：一是信息源对于该信息所涉及领域所具有的专业知识；二是信息接收者信赖信息源（不带有任何隐藏目的）的程度。

- **外部信息支持**（External information support）

指在研讨过程中提供外部信息来刺激群体成员思考，以达到提高群体创新绩效的行为。

- **外显信息**（Explicit information）

指个体可以通过视觉和听觉方式传播的可编码信息，例如文件、视频、音频和图片等。

- **内隐信息**（Implicit information）

指个体无法通过视觉和听觉传播，存在于个人直觉中不可编码的信息，例如灵感、诀窍和语感等。

- **员工建言**（Employee voice）

指主动向权威人士提出建议或者表达信息，以保证组织良好地运行。

- **正式建言**（Official voice）

指通过组织内正规的、预设的组织常规结构、机制或程序进行的建言。

- **建言效应**（Voice effect）

指员工建言行为所产生的结果。

- **建言行为**（Voice behavior）

指为了改善现状，基于合作目的的表达与工作有关的观点、想法与信息的行为。

- **建言角色认同**（Voice behavior role identification）

指自己对担当建言者角色及参与建言行为的基本认知与评估，包括个体对担当建言者角色的认知以及对做出建言行为的认同等方面。

- **建言角色知觉**（Voice behavior-role cognition）

指员工是否将建言行为归为自己工作职责（还是角色之外）的范畴。

- **内隐建言信念**（Implicit voice behavior belief）

指个体在特定文化背景下，在日常工作与生活中自发形成的有关建言内涵、结构与发展的看法，它一直存在于人脑中，其发挥作用的程度取决于人们对它的发现与认识。

- **促进型建言**（Promotive voice）

指员工提出改进工作的建议和解决问题的方案。

- **抑制型建言**（Prohibitive voice）

指员工主动指出现实中存在的已经损害或者可能损害组织利益的问题。

- **破坏性建言行为**（Destructive voice behavior）

指员工主动表达出对组织政策、实践或者流程等有害的、批判的或贬损的意见，包括说组织坏话，发表对工作方法挑剔性的评价以及对工作贬低性的言论等。

- **反馈寻求氛围**（Feedback seeking atmosphere）

指团队成员对团队中存在的领导与成员之间和成员之间寻求关于工作表现信息的努力程度的共同认知。

- **反馈寻求行为**［Feedback seeking behavior（FSB）］

指有意识地致力于确定行为的正确性和充分性，以达到有价值的最终状态。

- **上级发展性反馈**（Superior developmental feedback）

指领导者提供给下属有价值和帮助性的信息，使其能够学习、发展和改进工作。

- **反馈回避**（Feedback avoidance）

指有意识的、主动的、有目的的反馈管理策略，例如"旨在逃避反馈的主动行为"。

- **过滤**（Filtration）

指信息发出者有意操纵信息，以使信息显得对接受者有利。当信息向上传递给高层管理人员时，下属常常压缩或整合这些信息以使上级不会因此而负担过重。在进行整合时，将个人的兴趣和自己对重要内容的认识也加进去，这便是信息过滤。一个组织的结构中纵向层级越多，过滤的机会就越多。

- **训导**（Discipline）

指为了强化组织规范和规章，由管理者从事的活动。

- **走动式管理**（Management by walking around，MB-WA）

指管理者离开办公室，通过面

对面对话向组织中其他人学习的沟通实践。

- **小道消息**（Grapevine）

    指来自社会关系的非正式网络，而不是来自组织结构或职位等正式网络的信息。

- **错猜**（Error-guessing）

    指人们的思想里往往存在某种偏见或某些先入为主的观念。

- **心理障碍**（Mental block）

    指由人们不同的个性倾向和心理特征所造成的沟通障碍。

引用文献

书籍：

[1] 陈春花．（2013）．组织行为学．机械工业出版社．

[2] 关培兰．（2008）．组织行为学（第 2 版）．中国人民大学出版社．

[3] 胡君辰．（2014）．组织行为学（第 2 版）．中国人民大学出版社．

[4] 李爱梅．（2011）．组织行为学．机械工业出版社．

[5] 斯蒂芬·罗宾斯，蒂莫西·贾奇．（2016）．组织行为学（第 16 版）．中国人民大学出版社．

[6] 詹姆斯·坎贝尔·奎克，戴布拉·尼尔森，奎克．（2013）．组织行为学：现实与挑战（第 7 版）．清华大学出版社．

[7] 张德，吴志明．（2002）．组织行为学．东北财经大学出版社．

期刊文献：

[1] 陈建，时勘．（2017）．基于整合视角的员工建言行为研究评述．管理评论，29（9），215－228.

[2] 段锦云，张倩，黄彩云．（2015）．建言角色认同及对员工建言行为的影响机制研究．南开管理评论，(5)，65－74.

[3] 李研，黄苏萍，李东进．（2017）．被迫好评情景下消费者后续行为意愿研究．管理科学，30（5），17－27.

[4] 刘生敏，廖建桥．（2015）．真实型领导真能点亮员工的希望之言吗．管理评论，27（4），111.

[5] 刘景方，李嘉，张朋柱，刘璇．（2017）．外部信息刺激对群体创新绩效的影响．系统管理学报，26（2），201－209.

[6] 马贵梅，樊耘，颜静，张克勤．（2015）．员工－组织匹配对建言行为影响机制的实证研究．管理工程学报，29（3），51－62.

[7] 潘安成，刘何鑫．（2015）．情理文化下关系化行为与组织知识演化的探索性研究．南开管理评论，18（3），85－94.

[8] 宋华，冯云霞，喻开．（2014）．利益相关者导向会影响供需双方的关系绩

效吗? 管理评论, 26 (7), 170 – 181.

[9] 尹奎, 孙健敏, 张凯丽, 陈乐妮. (2018). 职场友谊对建言行为的影响: 一个有调节的中介模型. 管理评论, 30 (4), 132 – 141.

[10] 周小兰, 张体勤. (2018). 个体绩效评估导向对团队学习的影响机. 系统管理学报, 27 (4), 628 – 636.

[11] 张璐, 龙立荣, 夏冉. (2017). 心理契约破裂与破坏性建言行为: 自我损耗的视角. 管理科学, 30 (3), 3 – 13.

[12] Ashford, S. J. (1986). Feedback-seeking in individual adaptation: A resource perspective. *Academy of Management Journal*, 29 (3), 465 – 487.

[13] Banks, G. C., Kepes, S., Joshi, M., & Seers, A. (2016). Social identity and applicant attraction: Exploring the role of multiple levels of self. *Journal of Organizational Behavior*, 37 (3), 326 – 345.

[14] Bidwell, M., & Keller, J. R. (2014). Within or without? How firms combine internal and external labor markets to fill jobs. *Academy of Management Journal*, 57 (4), 1035 – 1055.

[15] Connelly, B. L., Certo, S. T., Ireland, R. D., & Reutzel, C. R. (2011). Signaling theory: A review and assessment. *Journal of Management*, 37 (1), 39 – 67.

[16] Humphrey, S. E., Nahrgang, J. D., & Morgeson, F. P. (2007). Integrating motivational, social, and contextual work design features: A meta-analytic summary and theoretical extension of the work design literature. *Journal of Applied Psychology*, 92 (5), 1332 – 1356.

[17] Kim, Y. J., & Zhong, C. B. (2017). Ideas rise from chaos: Information structure and creativity. *Organizational Behavior and Human Decision Processes*, 138, 15 – 28.

[18] Scott, B. A., Garza, A. S., Conlon, D. E., & Kim, Y. J. (2014). Why do managers act fairly in the first place? A daily investigation of "hot" and "cold" motives and discretion. *Academy of Management Journal*, 57 (6), 1571 – 1591.

[19] Snoeren, M. M., Raaijmakers, R., Niessen, T. J., & Abma, T. A. (2016). Mentoring with (in) care: A co-constructed auto-ethnography of mutual learning. *Journal of Organizational Behavior*, 37 (1), 3 – 22.

[20] Yu, K. Y. T. (2014). Person-organization fit effects on organizational attraction: a test of an expectations-based model. *Organizational Behavior and Human Decision Processes*, 124 (1), 75 – 94.

第十章 冲突与冲突管理

10.1 冲突的基本概念及类型

- **冲突**（Conflict）

  指两个或两个以上社会单位在目标、利益、认识上互不相容或互相排斥，产生心理或行为上的矛盾，从而导致的抵触、争执或攻击事件。

- **过程冲突**（Process conflict）

  指各方对任务的目标和内容没有分歧，但在完成任务的过程中，对如何实现目标、完成工作和责任的归属意见不一而产生冲突。

- **冲突过程**（Conflict process）

  冲突过程可以划分为 5 个阶段：潜在的对立或者不合、感知与个体化、意图、行为和结果。

- **程序冲突**（Procedure conflict）

  指由于冲突主体内部或冲突主体之间存在不一致或不相容的事件选择优先级或过程安排顺序而产生的冲突。

- **功能型冲突**（Functional conflict）

  指两个或多个人之间有益的、有建设性的分歧。

- **功能实现型冲突**（Functional implementation conflict）

  指支持群体实现目标并提高群体绩效的冲突，是一种具有建设性的良性冲突。

- **功能失调型冲突**（Dysfunctional conflict）

  如果冲突损坏了群体绩效，就

是一种破坏性冲突，或称为功能失调型冲突。

- **良性冲突**（Functional conflict）

指能够支持群体的目标和提高群体的绩效，具有建设性的冲突。

- **强制型冲突**（Forced conflict）

指冲突一方有一定的优势，优势方觉得自己必须赢而对方在不得已时必须输的一种冲突。

- **体谅型冲突**（Considerate conflict）

指在冲突时具有合作倾向而缺乏为自己的目标坚持奋斗的一种冲突。

- **协作型冲突**（Collaborative conflict）

指一种既合作又坚持原则的冲突，冲突双方都想尽量扩大双方共同成果。

- **妥协型冲突**（Compromised conflict）

指以介于坚持与合作之间的行为来处理矛盾的一种冲突，双方认为平等互利是解决冲突的一个基本原则，通过协商、谈判和一系列双方的让步，使矛盾与冲突得到缓解。

- **实质型冲突**（Substantive conflict）

指在群体内部以任务的性质或工作问题为基础的冲突。

- **情感型冲突**（Affective conflict）

指主要来自群体内部人与人之间关系的冲突。

- **兼有型冲突**（Ambivalent conflict）

指一类既有实质型冲突，又有情感型冲突的冲突。

- **敌对型冲突**（Adversarial conflict）

指一个群体把另一个群体当成敌人时产生的冲突。

- **防御型冲突**（Defensive conflict）

指一个群体为了保护自身而与其他群体产生的冲突。

- **强势型冲突**（Aggressive conflict）

指一些处于优势地位的群体与其他群体产生的冲突。

- **弱势型冲突**（Disadvantaged conflict）

　　指一些处于弱势地位的群体与其他群体产生的冲突。

- **纵向型冲突**（Vertical conflict）

　　指组织内部上下级之间的冲突。

- **横向型冲突**（Lateral conflict）

　　指组织内部同一层级中的员工或部门之间产生的冲突。

- **直线－参谋型冲突**（Line-staff conflict）

　　指组织内部的直线管理者与参谋部门的专家之间的冲突。

- **建设性冲突**（Constructive conflict）

　　指人们在冲突中将讨论集中在问题上，保有对持其他观点的人尊重的冲突。

- **破坏性冲突**（Destructive conflict）

　　指对组织有消极影响的冲突。

- **冲突诊断**（Conflict diagnosis）

　　指从态度、行为和结构等方面来分析冲突的状态。

- **目标冲突**（Goal conflict）

　　指由冲突主体内部或冲突主体之间存在不一致或不相容的目标所引发的冲突。

- **认知冲突**（Cognitive conflict）

　　指由冲突主体内部或冲突主体之间存在不一致的看法、想法和思想而导致的冲突。

- **情感冲突**（Emotional conflict）

　　指由冲突主体内部或冲突主体之间情感上的不一致而引发的冲突。

- **关系型冲突**（Relational conflict）

　　指由人际关系问题导致的冲突，即人与人之间由于生气、厌恶、害怕、不信任等负面情绪而产生的交流困难。

- **感觉的冲突**（Felt conflict）

　　指当个体投入情感时，则会出现感觉的冲突，此时双方会体验到焦虑、紧张、挫折或敌意。

- **角色冲突**（Role conflict）

　　指冲突主体由于需要同时遵循

多个角色要求而产生的冲突。

- **角色间冲突** （Interrole conflict）

　　指个人生活中的多种角色之间所产生的冲突。

- **角色平衡** （Role balance）

　　指个体在扮演多重角色时，在其整个角色系统中，以充分的关注和关怀，扮演每一个典型角色的状态。

- **角色平衡理论** （Role balance theory）

　　指人们倾向于通过分配个人资源（如时间、技能、精力和承诺）扮演不同的角色，并最终在多重角色之间寻求平衡。

- **个人角色冲突** （Person-role conflict）

　　指当处于特定角色的个体被期望表现的行为与其价值观发生冲突时出现的冲突。

- **角色内部冲突** （Intrarole conflict）

　　指单个角色内的冲突。

- **人际冲突** （Interpersonal conflict）

　　指个人与个人之间的冲突。

- **二元冲突** （Dyadic conflict）

　　指的是两个人之间的冲突。

- **组织间冲突** （Interorganizational conflict）

　　指在两个或多个组织间发生的冲突。

- **群体间冲突** （Intergroup conflict）

　　指群体在相互之间交往和互动的过程中，因为某些原因而产生意见分歧、争论、对抗，进而使得彼此之间关系出现不同程度的紧张状态并为双方所意识到的现象。

- **群内冲突** （Intragroup conflict）

　　指发生在群体或团队内部的冲突。

- **工作–家庭冲突** （Work－family conflict）

　　指当来自工作和家庭两方面的压力在某些方面出现难以调和的矛盾时，产生的一种角色交互冲突。

- **工作–家庭促进** （Work-family promotion）

　　指个体由于在某一社会系统

（工作或者家庭）中的投入，而对另一系统（家庭或者工作）的发展产生贡献的现象。工作和家庭是两个重要的社会子系统。促进也是一个双向的过程，即一方面，在工作上的投入有助于家庭生活的发展（工作对家庭的促进）；相应地，在家庭生活上的发展也有助于工作的推进（家庭对工作的促进）。

- **工作 - 家庭平衡**（Work-family balance）

指个体对工作和家庭满意、工作和家庭职能良好、角色冲突最小化的心理状态。平衡是指个体平等地参与工作、家庭角色活动获得同样的满足。工作 - 家庭平衡主要包括：时间平衡，即在工作和生活上投入的时间量相同；心理平衡，即在工作和生活角色中投入的心理包含程度相同；满意平衡，即在生活和工作上的满意度相同。

- **工作 - 家庭平衡满意度**［Satisfaction with work-family balance（SWFB）］

指用以评估一个人在满足工作和家庭角色需求方面的成功程度而产生的总体满意度的指标。

- **工作 - 家庭增益理论**（Work-family enrichment theory）

指员工从工作场所获得的资源（例如知识、观点、心理资源、社会资本资源）可以从工作场所转移到家庭场所，提高员工在家庭领域的绩效表现。

- **个人心理冲突**（Personal psychological conflict）

指当一个人面临两种互不相容的目标时，感到左右为难的一种心理体验。心理学家勒温按照接近和回避这两种倾向的不同结合，将个人心理冲突划分为四种类型。

◇**接近 - 接近型冲突**（Approach-approach conflict）

指一个人想要同时达到两个相反的互相排斥的目标。

◇**回避 - 回避型冲突**（Avoidance-avoidance conflict）

指一个人面临两个需要同时回避的目标。

◇**接近 - 回避型冲突**（Approach-avoidance conflict）

指当一个人想要接近一个目标，同时又想回避这一目标时，即产生这种冲突，既希望获得，又担心风险，害怕承担责任或付出代价。

◇双重接近－回避型冲突（Dual approach-avoidance conflict）

指两种接近－回避型冲突混合而成的一种复杂模式。

- **传统冲突观**（Traditional view of conflict）

传统冲突观认为冲突的根源是人们之间缺乏沟通、透明度和诚信，以及管理者未能有效地应对员工的需求和渴望，是功能失调的一种结果。这种冲突观下，人们常以"暴力""破坏""非理性"等词语来描述冲突。

- **互动冲突观**（Interactionist view of conflict）

互动冲突观认为如果一个和谐、安宁、平静、合作的群体即将变成一个在变革和创新问题上停滞不前、毫无激情、反应呆滞的群体时，就应该对冲突进行适当鼓励。

- **无冲突现象**（Conflict free phenomenon）

指企业表面看不见任何冲突的一种反常现象。

- **冲突系统模型**（Conflict system model）

行为科学家杜布林（Andrew J. Dubrin）运用系统的观点来观察和分析冲突问题，构建了由输入、干涉变量和输出三类要素组成的冲突的系统分析模式。

- **冲突过程模型**（Conflict process model）

行为科学家庞迪（Louis R. Pondy）于1967年对冲突进行详细的定义，将一个冲突事件分为4个阶段：潜在的冲突、感觉到的冲突、外显的冲突和冲突的后果。

- **交叉效应**（Cross effect）

在工作和家庭冲突的研究中，交叉效应是指配偶一方感受到的冲突对另一方产生的影响。

- **协作**（Collaborating）

指当冲突双方均希望充分满足双方的利益时，他们就会开展合作，并寻求共同受益的结果。

- **回避**（Avoiding）

指一个人意识到冲突的存在，但希望退出或抑制该冲突。有关回避的例子包括：竭力忽略冲突；回避与自己存在意见分歧的人。

- **迁就**（Accommodating）

指为了维持相互关系，一方愿

意做出自我牺牲。

- **折中**（Compromising）

　　在折中做法里，没有明显的赢家或输家。冲突双方愿意共同面对冲突，并接受一种双方都无法完全满意的解决方案。因此，折中的明显特点是，双方都打算放弃一些东西。

- **固执**（Fixation）

　　指个体执着于冲突，或坚持一种明显无法解决冲突的想法或行为的功能失调行为。

- **转移**（Displacement）

　　指将怒火转向非冲突来源的人。

- **抗拒**（Negativism）

　　指一种进攻防御机制，包括主动的抗拒和被动的抗拒。

- **补偿**（Compensation）

　　当个体试图通过增加对另一项活动的精力投入来弥补不利条件时，就会发生补偿。

- **认同**（Identification）

　　指一个人认可和支持另一个人的行为。

- **逃离**（Flight）

　　指在空间上逃避一场冲突。

- **转换**（Conversion）

　　指情绪化的冲突表现为身体症状的过程。

- **幻想**（Fantasy）

　　指通过做白日梦来逃避冲突。

- **威胁 - 僵化理论**（Threat rigidity theory）

　　指当团队成员在关系冲突中感到自己受到威胁时，他们会选择退缩、防守的策略，不断压缩自己的心理安全范围，同时拒绝合作。

- **侵权感觉**（Feelings of violation）

　　指受害人认为侵权者没有履行重要义务时的消极情绪反应，通常表现为痛苦和愤怒。

- **单位内的认同冲突**（Intra-unit i-dentity conflicts）

　　指群体对"我们是谁"或个体对"我是谁"问题上所持有的价值观、信仰、规范和期望中的冲突。

10.2 冲突产生的根源及其管理

- **冲突管理**（Conflict management）

冲突管理有广义和狭义之分，广义的冲突管理应当包括冲突主体对于冲突问题的发现、认识、分析、处理、解决的全过程和所有相关工作；狭义的冲突管理则着重把冲突的行为意向和冲突中的实际行为以及反应行为作为研究对象，研究冲突在这两个阶段的内在规律、应对策略和方法技巧，以便有效地管理好实际冲突。

- **任务冲突**（Task conflict）

指在实际上或知觉上，由工作的目标和内容不一致产生的冲突。

- **任务冲突理论**（Task conflict theory）

指委托人需要将多项任务交给代理人，这些任务的绩效相互冲突，即一项任务绩效是其他任务绩效的减函数。此时最优激励方案取决于任务冲突的程度。若冲突足够大，应该将冲突的任务交给不同代理人承担。

- **冲突方格**（Conflict grid）

冲突方格可以从"关心员工"和"关心工作"两个维度来分析管理者在处理冲突时的态度和风格。

- **冲突处理策略**（Conflict resolution strategy）

指有效降低破坏性冲突的水平，并使其向着建设性冲突转化。

- **第三方解决冲突**（Third-party conflict resolution）

指由一个相对中立的人帮助双方解决冲突。

- **首要目标**（Super-ordinate goals）

指冲突的双方看中且需要集合资源和努力才能实现的目标。

- **合作程度**（Cooperation degree）

指一方愿意满足对方愿望的程度。

- **肯定程度**（Certain degree）

指一方愿意满足自己愿望的程度。

- **托马斯解决冲突二维模式**（Thomas-Kilmann conflict mode）

以沟通者潜在意向为基础，认为冲突发生后，冲突主体有两种可能的策略可供选择：关心自己和关心他人。其中，"关心自己"表示在追求个人利益过程中的武断程度，作为纵坐标；"关心他人"表示在追求个人利益过程中与他人合作的程度，作为横坐标，以此定义冲突行为的二维空间，并组合成五种冲突处理策略。

◇竞争策略（Competing strategy）

竞争策略又称强制策略，指为满足自身的利益而无视他人的利益，这是"我赢你输"的策略，双方都会坚持自己的观点，并试图通过施加压力，迫使另一方放弃。

◇回避策略（Avoiding strategy）

指既不满足自身的利益也不满足对方的利益，试图置身冲突之外，无视不一致的存在，或保持中立，以"退避三舍""难得糊涂"的方式来处理冲突。

◇妥协策略（Compromise strategy）

妥协策略又称谈判策略，指一种适度满足自己的关心点和他人的关心点，通过一系列的谈判、让步、讨价还价来部分满足双方要求和利益的冲突管理策略。

◇迁就策略（Accommodating strategy）

迁就策略又称克制策略或迎合策略，指当事人主要考虑对方的利益或屈从于对方意愿，压制或牺牲自己的利益及意愿。

◇合作策略（Cooperating strategy）

指尽可能地满足双方利益，它是一种旨在达成冲突各方的需求，而采取合作、协商，寻求新的资源和机会，扩大选择范围，"把蛋糕做大"的解决冲突问题方式。

- **组织报复行为**（Organizational retaliation）

  指组织成员由于感知不公平而针对组织采取的一种消极反馈行为，其目的在于自我纠正不公平感。

- **生产越轨行为**（Production deviance）

  指组织中存在一些诸如工作推诿、消极怠工、迟到早退等现象。

- **替代攻击**（Displaced aggression）

  指因攻击侵犯者不可取而向其他个体发泄不满的一种发泄行为。

- **心理抗拒感**（Psychological Reactance）

  指"当一个人的自由被剥夺或被威胁剥夺时所表现出的动机状

态"，分为"特质抗拒"和"状态抗拒"。前者是指个体内在的、稳定的人格特质，而后者是指在特定的情境下被唤起的个体内在动机表现。

● **威胁方式**（Threatening way）

指个体在与他人社会互动中感受到被社会排斥（Social Exclusion），反映了个体不被他人接纳的消极状态，这种状态下个体感知到的归属感和自尊水平都较低，个体的自信心受创，甚至会感到失去存在的意义。

● **关系偏离行为**（Relational deviant behavior）

指消极组织行为学中的一种关系利用行为，利用关系为自身或组织谋利的同时，违背了组织的规范、政策、制度，甚至违犯国家法律的行为。

● **顾客虐待**（Customer mistreatment）

指员工从顾客那里得到低质量的人际待遇。

● **虐待性监督**（Abusive supervision）

指下属对主管敌意的言语和非言语行为程度的感知，不包括身体接触。

● **行为意向**（Behavioral intention）

行为意向介于一个人的感知、情绪和外显行为之间，这些意向指的是要通过某种方式采取行动的决策。

● **问责强度**（Accountability intensity）

指个人对多个来源的多个事物负责的程度。

● **平衡处理**（Balanced processing）

指领导者的行为不容易遭到否认、扭曲和夸大。

● **偏离行为**（Deviant behavior）

指员工表现出的与组织合法利益相违背的行为。

● **破坏行为**（Dysfunctional behavior）

指员工实施危害组织或组织成员的行为。

● **工作场所偏常行为**（Workplace deviant behavior）

指员工违反组织重要规范的行为，这种行为会威胁到组织及其成员的福祉。

● **社会认同**（Social identity）

指个人自我概念的一部分，源于他对自己所属的社会群体的认识，以及该群体所具有的价值和社会意义。

● **反生产行为**（Counterproductive behaviors）

指违反组织规范、损害组织利益的行为。

引用文献

书籍：

［1］陈春花．（2013）．组织行为学．机械工业出版社．

［2］关培兰．（2008）．组织行为学（第2版）．中国人民大学出版社．

［3］胡君辰．（2014）．组织行为学（第2版）．中国人民大学出版社．

［4］胡立君，唐春勇．（2010）．组织行为学．武汉理工大学出版社．

［5］李爱梅．（2011）．组织行为学．机械工业出版社．

［6］史蒂文·麦克沙恩，玛丽·安·冯·格里诺，Mcshane, S., 等．（2015）．组织行为学．中国人民大学出版社．

［7］斯蒂芬·罗宾斯，蒂莫西·贾奇．（2016）．组织行为学（第16版）．中国人民大学出版社．

［8］斯蒂芬·P. 罗宾斯．（2004）．组织行为学精要（第7版）．中国人民大学出版社．

［9］詹姆斯·坎贝尔·奎克，戴布拉·尼尔森．（2013）．组织行为学：现实与挑战（第7版）．清华大学出版社．

［10］张德，陈国权．（2011）．组织行为学（第2版）．清华大学出版社．

期刊：

［1］杜创，朱恒鹏．（2016）．中国城市医疗卫生体制的演变逻辑．中国社会科学，（8），66 – 89.

［2］郭文臣，孙韶声，代容．（2017）．关系偏离行为的概念、结构与测量研究．管理学报，14（11），1631 – 1638.

［3］何勤．（2014）．国际比较视域下工作家庭平衡问题研究．中国人力资源开发，（3），11 – 16.

［4］黄蝶君，马秋卓，李桦，杨学儒．（2018）．辱虐管理、心理契约违背及工作场所偏离行为：基于基层公务员职位特征的分析．管理评论，30（7），183 – 190.

［5］李海，姚蕾，张勉，朱金强．（2017）．工作 – 家庭冲突交叉效应的性别差异．南开管理评论，20（4），153 – 164.

［6］刘冰，齐蕾，徐璐．（2017）．棍棒之下出"孝子"吗——员工职场偏差行为研究．南开管理评论，20（3），182 – 192.

［7］刘建新，李东进．（2017）．产品稀缺诉求影响消费者购买意愿的并列多重中介机制．南开管理评论，20（4），4-15.

［8］齐昕，刘洪，林彦梅．（2017）．远程工作许可与员工生产越轨行为的关系研究：影响机制与边界条件．管理评论，29（10），143-156.

［9］王洪青，彭纪生．（2018）．辱虐领导与员工破坏行为：基于多焦点法的元分析．管理评论，30（3），150-160.

［10］易健，关浩光，杨自伟．（2014）．授权型领导对员工家庭生活质量的影响．外国经济与管理，36（9），52-60.

［11］于维娜，樊耘，张克勤．（2015）．职业女性工作-家庭促进和积极行为：心理资本与人-工作匹配的作用．经济管理，37（3），89-97.

［12］周浩，龙立荣，王宇清．（2016）．整体公平感、情感承诺和员工偏离行为：基于多对象视角的分析．管理评论，28（11），162-169.

［13］朱瑜，李云健，马智妍，王小霏．（2014）．员工组织规避劳动合同法认知，工作不安全感与组织报复行为的关系：基于华南地区新生代员工的实证研究．管理评论，26（3），113-127.

［14］Cabrera, Á., & Cabrera, E. F. (2002). Knowledge-sharing dilemmas. *Organization Studies*, 23 (5), 687-710.

［15］Greenhaus, J. H., Collins, K. M., & Shaw, J. D. (2003). The relation between work-family balance and quality of life. *Journal of Vocational Behavior*, 63 (3), 510-531.

［16］Hall, A. T., Ferris, G. R., Bowen, M. G., & Fitzgibbons, D. E. (2007). Accountability as a perceptual lens for framing management education. *Business Horizons*, 50, 405-413.

［17］Horton, K. E., Bayerl, P. S., & Jacobs, G. (2014). Identity conflicts at work: An integrative framework. *Journal of Organizational Behavior*, 35 (S1), S6-22.

［18］Marks, S. R., & Macdermid, S. M. (1996). Multiple roles and the self: A theory of role balance. *Journal of Marriage & Family*, 58 (2), 417-432.

［19］Mawritz, M. B., Folger, R., & Latham, G. P. (2014). Supervisors' exceedingly difficult goals and abusive supervision: The mediating effects of hindrance stress, anger, and anxiety. *Journal of Organizational Behavior*, 35 (3), 358-372.

［20］Powell, E. E., & Baker, T. (2014). It's what you make of it: Founder identity and enacting strategic responses to adversity. *Academy of Management Journal*, 57 (5), 1406-1433.

［21］Taylor, S. E. (2010). Tend and befriend: Biobehavioral bases of affiliation under stress. *Current Directions in Psychological Science*, 15 （6）, 273 – 277.

［22］ Tomprou, M. , Rousseau, D. M. , & Hansen, S. D. （2015）. The psychological contracts of violation victims: A post-violation model. *Journal of Organizational Behavior*, 36 （4）, 561 – 581.

［23］ Valcour, & Monique. （2007）. Work-based resources as moderators of the relationship between work hours and satisfaction with work-family balance. *Journal of Applied Psychology*, 92 （6）, 1512 – 1523.

［24］ Wang, M. , Liao, H. , Zhan, Y. , & Shi, J. （2011）. Daily customer mistreatment and employee sabotage against customers: Examining emotion and resource perspectives. *Academy of Management Journal*, 54, 312 – 334.

［25］ Yam, K. C. , Reynolds, S. J. , & Hirsh, J. B. （2014）. The hungry thief: physiological deprivation and its effects on unethical behavior. *Organizational Behavior and Human Decision Processes*, 125 （2）, 123 – 133.

第十一章 权力与政治

11.1 权力的定义及分类

- **权力**（Power）

  指一个人（A）影响另一个人（B）的能力，这种影响使 B 做在其他情况下不可能做的事。

- **职位/务权力**（Position power）

  指领导者所处的职位能提供的权力和权威在多大程度上能使组织成员遵从他的指挥。

- **权力差距/距离**（Power distance）

  指一个国家的人民对于机构和组织内权力分配不平等这一事实的接纳与认可程度。高权力距离意味着在某种文化中人们易接受不平等的权力分配，这些人注重服从权威，也习惯于不商量和无异议地接受上司的命令。低权力距离意味着在这种文化中人们倾向于相对平均地分配权力，不能容忍财富上的极大差异。

- **权力接受理论**（power acceptance theory）

  权力接受理论认为，权力不是来自从上而下的行政授予，而是看下级是否接受，行政命令只有为下级所理解，并且相信它符合组织目标和个人利益时，才会被接受，这时权力才能成立。

- **权力性影响力**（Power influence）

  权力性影响力也叫强制性影响力，指由社会赋予个人的职务、地位等所构成的影响力。

- **非权力性影响力**（Non-power influence）

非权力性影响力也叫自然性影响力，与权力性影响力相对，是与法定的权力无关，而是个人自身的品德、才能、学识、专长等因素对他人形成的影响力。

- **法定权力**（Legitimate power）

法定权力的核心是指挥、决定和否定，指由组织按照一定程序和形式赋予领导者进行命令和指挥的权力。

- **强制性权力**（Coercive power）

强制性权力是建立在惧怕基础上的，一个人如果不服从的话就可能产生消极的后果，出于对这种后果的惧怕，这个人就对强制性权力做出了反应。

- **奖励权力**（Reward power）

指人们服从于一个人的愿望或指示是因为这种服从能给他们带来正面、有利的结果。因此，一个能给他人施以他们认为有价值的奖赏的人，就对这些人拥有一种权力，这种权力就是奖励权力。

- **专家权力**（Expert power）

指由于某种专门知识、技能而获得的权力。这种权力是以敬佩和理性崇拜为基础的。领导者本人学识渊博，精通本行业务，或具有某一领域的专门知识与技能，即能获得一定的专家权力。

- **感召/参照性权力**（Referent power）

指由领导者的特殊品格、个性或个人魅力形成的权力。这种权力建立在下属对领导者的尊重、信赖和感性认同的基础上。

- **正式权力**（Formal power）

指由个人在组织中的职位决定的，来源于行政力量，表明了领导者行使权力的合法性以及在职权范围内的支配地位的权力。

- **非正式权力**（Informal power）

指来自一个人的人格、技巧和能力，与职位无关的权力，包括专家权力和感召性权力。

- **个人权力**（Personal power）

指由于领导者自身的某些特殊条件才具有的权力，它与领导者所处的职位无关。

- **反权力**（Countervailing power）

指个体、团队或组织在交换关

系中对拥有更高权力一方的影响力。

- **信息权力**（Information power）

指与重要信息的获得和控制息息相关的权力。

- **功利权力**（Utilitarian power）

指通过对成员提供奖励和好处来影响他们的权力。

- **规范权力**（Normative power）

指借助于成员非常希望归属组织的愿望，让他们知道组织希望他们做"正确的事情"，以此来影响他们。

- **知识权力**（Knowledge power）

指对价值性知识的相对控制和获取机会的能力。

- **权力观念**（Perceptions of power）

指社会环境中对价值资源的不对称控制。

- **权力异质性**（Power heterarchy）

指一种关系系统，其中团队成员之间的相对权力随着时间的推移而变化，因为特定团队成员的资源变得更相关（并且其他成员的资源

变得不那么相关）。

11.2 权术

- **权术**（Power tactics）

权术从字面上理解是指运用权力的方法和技巧。如果把权术理解为个体获得权力和运用权力的一系列行为，那么该定义就是中性的，与影响力相同。但在汉语中，权术往往是个贬义词，是指个体为了提升自己的职务，或者为了扩大自己的权力，不顾组织的利益而采取的一系列行为，又称政治手腕。

- **玩弄权术者**（Play tricks）

指通过操纵他人或事物以达到个人目的的人。这类人重视现实，世故，好活动，有目标，喜欢用诡异的手法取得成就和进展，乐于追随和奉承那些有前途和对自己重要的上级。

- **权术行为**（Organizational behavior）

指那些没有得到公司正式批准的、为达到个人目的而采取的影响他人的行为。

- **影响力策略**（Influence Strategy）

指对他人的思想、行为或者感觉施加影响的策略。

- **权术技能**（Political skill）

指通过正式组织之外的良好人际关系把事情办成的能力。

- **社会敏锐性**（Social astuteness）

指对社会情境进行准确观察和评估的能力。

- **人际影响力**（Interpersonal influence）

指一种能有效办成事情的个人风格，它既微妙又富有影响力。

- **关系网络能力**（Networking ability）

指一种发展并保持多种不同社交关系的个人能力。

- **真诚表现**（Sincerity）

指在各种事情上表现出直率与真诚的一种个人能力。

- **硬影响力策略**（Hard influence strategy）

硬影响力策略主要建立在正式权力的基础上，常见的有无声的权威、独断、信息控制、结盟和诉诸上级等。

- **软影响力策略**（Soft influence strategy）

软影响力策略主要建立在个人权力的基础上，常见的有奉承和印象管理、说服和交换等。

- **反抗**（Rebellion）

指个体或者工作团体对影响者期望的行为进行争辩、拒绝或者推迟完成的行为表现。

- **顺从**（Compliance）

指人们纯粹出于实现目的的考虑答应影响者的请求并做出最小努力的行为表现。

- **承诺**（Commitment）

指人们认同影响者的请求，并有强烈的愿望来完成被要求行为的表现。

- **形象期望**［Image expectation（IE）］

指员工对代际知识转移为其带来形象增加的感知和判断。

- **脸面（面子）**（Face）

  指个体为了迎合某一社会圈子认同的形象，经过印象整饰后表现出来的认同性的心理和行为。

- **职场排斥**（Workplace rejection）

  指员工所感知到的职场中来自其他员工的、无形的排挤和忽视。

- **获得型印象管理**（Acquisition impression management）

  指积极获取好印象的行为。

- **防御型印象管理**（Defensive impression management）

  指消极避免坏印象的行为。

- **预期印象管理** [Anticipatory impression management（AIM）]

  指在预期或与预期同时进行的活动，组织领导人认为这些活动可能被视为对预期的消极违背。

- **身份管理**（Identity management）

  指个体对如何向他人展示自己社会身份所做出的决策。

- **脱离**（Disengagement）

  指在工作中，把个人精力从身体、认知和情感的努力中抽离，并在工作角色表演中隐藏自己的身份、思想和情感。

11.3　政治

- **政治**（Politics）

  当组织中的员工将权力转化为行动时，我们就称他们参与了政治活动。

- **政治技能**（Political skill）

  指在工作中，个体能有效地理解他人，并运用相应的知识来影响他人，以实现个人或者组织的目标。

- **组织政治**（Organizational politics）

  指使用不正当手段达到正当目的或使用正当手段达到不正当目的。

- **组织政治知觉** [Perceptions of organizational politics（POPS）]

  指组织员工对工作环境中自利行为发生程度的主观评估，其中包含了个体对这种自利行为的归因。

- **政治行为**（Political behavior）

    指不是由组织正式角色要求的，但又影响或试图影响组织中利益分配的活动。它通过影响决策目标、准则和过程，达到影响组织利益分配的目的。

- **合法性政治行为**（Legitimate political behavior）

    指符合规范的、日常的政治行为。

- **非法性政治行为**（Illegitimate political behavior）

    指不符合规范的、为追求自己在利益分配活动中的优势地位而采取的政治行为。

- **企业政治行为**（Corporate political behavior）

    指企业为了改变其经济竞争中的制度环境或社会环境所采取的行动。

- **发展关系网**（Development network）

    指个人为了自身的利益和权力，采用各种办法和手段与组织中有权力和掌管重要资源及信息的人建立网络，以了解组织中各种重要事件，获得进一步发展的机会。

- **中心效应**（Centrality）

    指从事组织中主要工作的部门比次要部门拥有更大的权力，涉及组织核心或基础领域的部门具有较大的权力。

- **马基雅维利价值观**（Machiavellian values）

    指认为欺骗是一种自然并且正常的影响他人的方式。

- **零和方案**（Zero-sum approach）

    组织文化越是偏重"零和博弈"或"一输一赢"的方式来解决资源分配问题，就有越多的员工有动机尝试采取政治活动。零和方案将奖酬这块"饼"看作是大小不变的。

- **自我防卫行为**（Self – defensive behavior）

    指当员工认为政治行为是一种威胁时，他们通常会采取自我防卫行为，即应激和保护的行为来避免被迫采取行动、遭受责怪或经受变革。

● **防卫行为**（Defensive behavior）

指为避免行动、职责或变化而采取的保护性的应对行为。

● **上告行为**（Reporting behavior）

指一个员工向其直接上级反映其同事的问题，或向其直接上级以上的上级反映其直接上级的问题。

● **散布流言**（Spread rumors）

指组织中有人为达到个人目的，故意在组织中散布对某个人或群体不利的信息。

● **拉帮结派**（Pull gang）

指组织中的员工为了减少其所受威胁、壮大自身的影响而与组织中的"同类"拉帮结派、缔结同盟。

● **印象管理**（Impression management）

指个体试图控制他人对自己形成印象的过程。

◇讨好（Please）

指为某个人做好事以获得对方的同意或认可，属于逢迎的一种形式。

◇借口（Excuse）

指对造成困境的事件进行解释，以尽可能减轻事件的严重性，是一种防卫性的印象管理技巧。

◇道歉（Apologize）

指主动承担不良事件的责任，同时请求谅解，是一种防卫性的印象管理技巧。

◇自我推销（Self-promotion）

指强调自己最突出的品质，忽略自己的不足，引起人们对自己成绩的关注，是一种强调自我的印象管理技巧。

◇强调（Strengthen）

指强调自己做的某件事情的价值超乎绝大多数组织成员的想象，是一种强调自我的印象管理技巧。

◇吹捧（Touted）

指赞扬别人的优点，设法使自己显得有洞察力和讨人喜欢，是一种进取性的印象管理技巧。

◇示范（Demonstration）

指努力做一些额外的事情，以展示自己是多么专注和勤奋，是一种进取性的印象管理技巧。

◇套近乎（Cotton up）

指通过言语或行为与不太熟识的人拉近关系。

- **自我提升的印象管理策略**（Self-improvement impression management strategy）

指个体通过采取一些积极性的行动，试图使自己对某一积极结果的责任最大化，或者想让自己看起来比实际更出色。其目的是得到别人的认可和赞许。

- **防御式的印象管理策略**（Defensive impression management strategy）

指尽可能弱化自己的不足或避免别人消极看待自己，其动机在于避免显著的社会赞许的丢失或避免累积社会不赞许。

- **自我形象威胁**（Self-image threat）

指个人的整体价值和完整性被贬低或减少的情况。

- **偏差行为**（Deviance behavior）

指一种违反组织规范、故意伤害组织和他人的有害行为，是员工负面行为的典型代表，常见的有消极怠工、偷窃以及对同事侮辱、诽谤、散布谣言等。

- **亲组织性非伦理行为**（Pro-organizational non-ethical behavior）

指员工为了维护组织利益而实施的不道德行为。

- **道德推脱**（Moral disengagement）

指个体进行自我辩护的认知倾向，包括对自己的行为进行重新定义，通过自欺欺人的方式减少行为的伤害性，减轻自己内心深处的负罪感，对行为受害者的同情度也随之降低。

- **组织规避**（Organizational avoidance）

指组织为逃避或减轻其对员工应承担的法律责任，故意避开法律对于组织的义务性、禁止性或制裁性的规定，从事损害员工合法权益的行为。

- **寻租**（Rent seeking）

指人们为了追求直接非生产性利润而从事的活动，并将从事这些活动所获得利润称为租金。

- **偏私倾向**（Favoritism）

指上司是否倾向于出于维护私情或利己目的而做出相应决策。

- **盛誉关系**（High-reputation ties）

    指拥有"正确"人脉的人往往能取得成功。无论是从薄弱的关系、结构性的漏洞，还是在合适的地方建立友谊等方面来讨论，都传达出这样一个信息：升职总是流向那些有能力的人。

- **责备他人**（Blame Others）

    指在组织中人员面前批评指责他人，但在组织管理中有时被认为是一种有效的管理方式，是富有责任感的体现。

- **告密**（Peach）

    是基于某种特定目的向掌权人揭发他人"不轨"言行及隐私的行为。

- **溜须拍马**（Flattery）

    用来形容对他人阿谀逢迎，对他人不切实际甚至虚妄地夸大、赞扬，以博取对方好感，是组织中的一种政治行为。

引用文献

书籍：

［1］ 陈春花．（2013）．组织行为学．机械工业出版社．

［2］ 关培兰．（2008）．组织行为学（第 2 版）．中国人民大学出版社．

［3］ 胡君辰．（2014）．组织行为学（第 2 版）．中国人民大学出版社．

［4］ 胡立君，唐春勇．（2010）．组织行为学．武汉理工大学出版社．

［5］ 李爱梅．（2011）．组织行为学．机械工业出版社．

［6］ 聂锐，芈凌云，吕涛．（2008）．管理学．机械工业出版社．

［7］ 张德，陈国权．（2011）．组织行为学（第 2 版）．清华大学出版社．

［8］ 张德，吴志明．（2002）．组织行为学．东北财经大学出版社．

［9］ 斯蒂芬·罗宾斯，蒂莫西·贾奇．（2016）．组织行为学（第 16 版）．中国人民大学出版社．

［10］ 詹姆斯·坎贝尔·奎克，戴布拉·尼尔森．（2013）．组织行为学：现实与挑战（第 7 版）．清华大学出版社．

期刊：

［1］ 曹霞，崔勋，瞿皎姣．（2016）．国有企业员工组织政治知觉对组织公民行为的双重影响机制研究．管理学报，13（10），1462 – 1472.

［2］ 陈嘉文，姚小涛，（2015）．组织与制度的共同演化：组织制度理论研究的脉络剖析及问题初探．管理评论，27（5），135 – 145.

［3］ 刘超，柯旭东，刘军，王雅晨．（2015）．员工逢迎的场景选择：一

项本土研究. 南开管理评论, 18 (5), 54 – 65.

[4] 刘益, 贾兴平. (2014). 外部环境、内部资源与企业社会责任. 南开管理评论, 17 (6), 13 – 18.

[5] 陆瑶, 胡江燕. (2016). CEO 与董事间 "老乡" 关系对公司违规行为的影响研究. 南开管理评论, 19 (2), 52 – 62.

[6] 汪长玉, 左美云. (2018). "印记感"、形象期望及人生发展阶段对员工代际知识转移意愿的影响. 管理评论, (4), 169 – 179.

[7] 王颖, 梁婷. (2016). 组织中的权力分配与组织沉默—组织政治知觉的中介作用. 经济管理, (6), 71 – 85.

[8] 张亚军, 张军伟, 崔利刚, 刘汕. (2018). 组织政治知觉对员工绩效的影响: 自我损耗理论的视角. 管理评论, (1), 78 – 88.

[9] 张桂平. (2016). 职场排斥对员工亲组织性非伦理行为的影响机制研究. 管理科学, 29 (4), 104 – 114.

[10] Aime, F., Humphrey, S., Derue, D. S., & Paul, J. B. (2014). The riddle of heterarchy: Power transitions in cross-functional teams. *Academy of Management Journal*, 57 (2), 327 – 352.

[11] Behavior, J. O. O. (2014). Applying models of employee identity management across cultures: Christianity in the USA and South Korea. *Journal of Organizational Behavior*, 35 (5), 678 – 704.

[12] Ferris, D. L., Brown, D. J., Berry, J. W., & Lian, H. (2008). The development and validation of the workplace ostracism scale. *Journal of Applied Psychology*, 93 (6), 1348 – 1366.

[13] Ferris, G. R., Harrellcook, G., & Dulebohn, J. H. (2000). Organizational politics: The nature of the relationship between politics perceptions and political behavior. *Frontiers in Endocrinology*, 6 (2), 146 – 159.

[14] Granovetter, M. S. (1973). The strength of weak ties. *American Journal of Sociology*, 78 (6), 1360 – 1380.

[15] Hideg, I., & Ferris, D. L. (2014). Support for employment equity policies: A self-enhancement approach. *Organizational Behavior and Human Decision Processes*, 123 (1), 49 – 64.

[16] Lian H., Brown D. J., Ferris D. L., Liang L. H., Keeping L. M., & Morrison R. (2017). Abusive supervision and retaliation: A self-control framework. *The Academy of Management Journal*, 57 (1), 116 – 139.

[17] Ozcelik, H. (2017). Exploring the activation dimension of affect in organizations: A focus on trait-level activation, climate-level activation, and work-related outcomes. *Journal of Organizational Behavior*, 38 (3),

351 – 371.

[18] Powell, E. E. , Baker, T. (2014) . It's what you make of it: Founder identity and enacting strategic responses to adversity. *Academy of Management Journal*, 57 (5), 1406 – 1433.

[19] Rodell, J. B. , Colquitt, J. A. , & Baer, M. D. (2017) . Is adhering to justice rules enough? The role of charismatic qualities in perceptions of supervisors' overall fairness. *Organizational Behavior & Human Decision Processes*, 140, 14 – 28.

第十二章　组织结构与组织设计

12.1　组织结构（Organizational structure）

指正式的任务和隶属关系系统，这个系统决定了员工如何利用资源实现组织目标。组织结构解释了工作任务如何被划分、如何将成员组成群体、如何协调群体等问题。因此，当管理者设计组织结构时，应当考虑工作专门化、部门化、指挥链管理幅度、正规化以及集权或分权六个关键要素。

◇工作专门化（Work specialization）

指分工，即在组织中把工作任务划分成若干步骤完成的细化程度。

◇部门化（Departmentalization）

指以工作单位为基础进行合并。

- 职能部门化（Functionalization）

指最普遍采用的一种划分方法，就是按专业化规制，以工作或任务的性质为基础来划分部门。

- 产品部门化（Product sectoralization）

指按组织向社会提供的产品来划分部门。

- 地区部门化（Regional sectoralization）

指按地理位置来划分部门。

- 过程部门化（Sectoralization of process）

指按完成任务的过程所经过的阶段来划分部门。

- **顾客部门化**（Customer departmentalization）

  指按组织服务的对象类型来划分部门。

- **人数部门化**（Sectoralization of population）

  指单纯按人数的多少来划分部门。

- **时间部门化**（Time Sectoralization）

  指按工作所需时间的多少来划分部分。

- **设备部门化**（Departmentalization of Equipment）

  指按设备所属类型来划分部门。

  ◇指挥链（Chain of command）
  指一条不会断裂的权力线条，从组织制高点延续到最低层级，它规定了谁向谁汇报。

  ◇管理幅度（Management scope）
  指一个主管可以有效指导下属的数量。

  ◇正规化（Regularization）
  指在组织内部，工作实行标准的程度。组织具有成熟的管理制度，组织活动都是依照成文的规章

制度、工作流程来进行的。

  ◇集权（Centralization）
  指决策权在组织系统中较高管理层次的一定程度的集中，组织权力与权威都是由高层领导掌握。

- **去中心化**（Decentralization）

  旨在促进生成网络化的自组织，但并不意味着绝对无中心，组织的每一个网络节点都可以成为一个相对的、动态的中心，即针对不同领域、不同项目以及各自的特点、专长和意愿，去发起和组织各项活动，产生各种价值。

- **命令统一性**（Unity of command）

  指一个人应该只有一个主管，且只对这个唯一的主管负责，这个原则有利于保持权威链条的连续性。

- **组织结构形式**（Form of organizational structure）

  组织结构为组织提供了框架，设计良好的组织结构对提高组织绩效具有非常重要的作用。以下是常见的组织结构类型。

  ◇安东尼结构（Anthony structure）
  指一种组织的经营管理结构，它分为三个层次：战略计划层、管

理控制层和操作控制层。

◇职能结构（Functional structure）

指采用按职能实行专业分工的管理办法来取代直线结构的全能式管理。下级既要服从上级主管人员的指挥，也要听从上级各职能部门的指挥。

◇直线职能制组织结构（Organizational structure of linear functional system）

指以直线为基础，在各级直线主管之下设置相应的职能部门，即在保持直线组织统一指挥的原则下，增加了参谋部门。

◇矩阵式组织结构（Matrix organizational structure）

指一种实现横向联系的有力模式，其独特之处就在于将纵向设计和横向设计结合起来，使产品事业部结构和职能结构可以同时得到实现。

◇事业部制组织结构（Institutional structure）

指 M 型结构。首创于 20 世纪 20 年代的美国通用公司，它是在总公司领导下设立多个事业部，各事业部有各自独立的产品和市场，实行独立核算，又称斯隆模型。它是企业对于具有独立的产品和市场、独立的责任和利益的部门实行分权管理的一种组织形态。

◇产品事业部结构（Product division structure）

指只在总公司设置研究与开发、设计、采购、销售等职能部门，事业部主要从事生产，它们所需要的支持性服务都来自总公司有关职能部门。

◇区域事业部结构（Regional division structure）

指以组织的用户或顾客为基础进行结构整合，不同国家的顾客，或者一个国家不同地区的顾客，可能会有不同的偏好和需求。每个地区单位包括所有的职能，以便在该地区生产和销售产品。

◇超事业部结构（Txecutive structure）

指执行部结构，是指在总办事处和事业部之间增加一个管理层级，称为执行事业部或超事业部。

◇团队管理结构（Team management structure）

指管理人员以动用团队作为协调组织活动的主要方式的一种组织形态。

◇混合式结构（Hybrid Structure）

指对以上各种结构的综合运用。当一家公司拥有多个产品线或市场时，通常会综合职能式、事业部式结构而组织若干自主经营的单位，同时，有些职能也被集中在总部控制，以获得规模经济和深度专门化。

◇柔性结构（Flexible Structure）

指具有对意外的变化不断地反应，以及适时根据可预期的变化的结果迅速调整的能力。主要特点如下：由各工作单元组成的联盟性的星形多级组织；一种员工个人能力和非正规网络关系的随机式自由组合；与企业外的开发商、供应商、分销商结成边界相互渗透的虚拟企业或称战略联盟。

◇简单组织结构（Simple structure）

指组织结构的部门化程度比较低，管理幅度较宽，权力集中于一个人，正规化程度也比较低。它是一种"扁平化"的组织，通常只拥有3个层级，决策权力集中于一个个体。

◇官僚组织结构（Bureaucracy）

官僚组织结构的特点是，将日常营运任务高度专业化、规章制度正规化以及将任务按照职能部门分类，让权力高度集中，缩小控制幅度，并且让决策沿着指挥链条进行。

◇模拟分权制组织结构（Simulate decentralized organizational structure）

指介于直线职能制和事业部制之间的一种组织形式，它按生产阶段或生产区域把企业分成若干组织单元，将其视为相对独立的生产经营者，组织单元之间按"内部转移价格"进行产品交换，相对地独立经营、独立核算。

◇网络型结构（Network structure）

指利用现代信息技术手段建立和发展起来的一种新型组织结构。网络型结构是一种只有很精干的中心结构，以契约关系为基础，依靠外部机构进行制造、销售或其他重要业务经营活动的组织结构形式。

◇控股型机构（Controlling organization）

指在非相关领域开展多元化经营的企业所常用的一种组织形式。由于经营业务的非相关或弱相关，大公司不对这些业务经营单位进行直接的管理和控制，而代之以持股控制。这样大公司便成为一个持股公司，所持股的单位不但对具体业务有自主经营权，而且保留独立的法人地位。

◇团队型结构（Team-based organizational structure）

指一种有机式结构。团队实施的监管很少，因此管理幅度会很广。在极端情况下，团队型结构高度分权，因为几乎所有的日常决策都由团队成员而不是由组织层级中的某个高层人员完成。

◇机械性行政结构（Machine bureaucracy）

指在组织中，其技术人员和辅助人员定义明确并有别于组织中的一线操作人员，组织具有有限的决策横向分权和明确的权力等级。

◇职业性行政结构（Professional administrative structure）

指重视组织工作核心中职业人士的专长的组织结构。技术人员和辅助人员为职业人士服务。

◇分部式结构（Divisionalized structure）

指一种松散联合的、复合式的结构形式。

● **组织环境**（Organization environment）

指组织边界之外的且对组织具有潜在或者部分影响的某些方面。

◇一般环境（General environment）

指所有对组织可能造成影响的因素。

◇任务环境（Task environment）

指当一般环境的某些层面与组织的直接利益相关时，这些层面就会成为任务环境或者特别环境的一部分。

◇环境不确定性（Environment uncertainty）

指环境的情境变量如何最大限度地影响组织设计。

● **组织生命周期**（Organizational life cycles）

指动态的实体。它们会有繁荣和衰落的不同阶段。通常，研究者们将这些阶段称为组织生命周期。

● **计算机一体化生产**［Computer integrated manufacturing（CIM）］

指随着科学技术的发展，生产过程采用机器人、数控机床以及多种计算机软件。

● **集合性关系**（Collective relation）

指部门工作基本上是独立的，两个部门可以单独完成工作，互不往来。

- **序列性关系**（Sequential relation）

　　指一种部门间相互依存的关系，第一个部门的产出是第二个部门的投入，第二个部门的工作，依赖于第一个部门的产出。

12.2　组织设计（organization design）

　　常见的组织设计有简单结构、官僚结构和矩阵结构。

　　◇简单结构（Simple design）

　　指部门化程度低、管理幅度大、权力集中在一个人手中且正规化程度较低的一种设计。

　　◇官僚结构（Bureaucracy）

　　官僚结构的特点是通过工作专门化获得十分规范的操作任务、非常正规的规章制度、组建职能部门、集权化、管理幅度小、决策通过指挥链下达。主要优势在于，它能够以高效的方式实施标准化的活动。

　　◇矩阵结构（Matrix structure）

　　指两种部门化形式的融合——职能部门化和产品部门化。是把按职能划分的部门和按产品（或项目、服务等）划分的部门结合起来组成一个矩阵，是同一名员工既同原职能部门保持组织与业务上的联系，又参加产品或项目小组的工作的一种结构。

- **机械型组织**（Mechanistic organization）

　　指当外部环境稳定时，内部环境有更多的规章、程序和明确的权力等级，组织规范化程度高且高度集权。机械型组织具有高度的正规化和严格的结构层次。

- **有机型组织**（Organic organization）

　　指在迅速变化的环境中，规章和程序的约束比较少，员工被赋予比较大的自主权，书面记录也很少。权力的层次不明确，决策分权化。

- **营利性组织**（Profit organization）

　　指以获取利益为目标的组织。这些组织重视资本的投入与产出，看重利润的回报。

- **非营利性组织**（Nonprofit organization）

　　指向社会提供服务的组织，如教育、医疗、安全等。这些组织一般情况下无须向政府纳税，有时还会获得政府的财政补贴。

引用文献

［1］陈春花，杨忠，曹洲涛．（2017）．组织行为学（第3版）．机械工业出版社．

［2］关培兰．（2010）．组织行为学（第2版）．中国人民大学出版社．

［3］胡立君，唐春勇．（2010）．组织行为学．武汉理工大学出版社．

［4］李爱梅，凌文辁．（2015）．组织行为学（第2版）．机械工业出版社．

［5］刘新智．（2013）．组织行为学．清华大学出版社．

［6］聂锐，芈凌云，吕涛．管理学．机械工业出版社．

［7］斯蒂芬·罗宾斯，蒂莫西·贾奇．（2016）．组织行为学（第16版）．中国人民大学出版社．

第十三章 组织文化、组织发展及变革

13.1 组织文化内涵与功能

- **组织文化**（Organizational cultural）

由组织环境、企业价值观、英雄人物、习俗和仪式、文化网络五个因素所组成，五个因素具有不同作用。

◇组织环境（Organization environment）

指所有潜在影响组织运行和组织绩效的因素或力量。组织环境对组织的生存和发展起着决定性的作用，是组织管理活动内在与外在的客观条件。

◇企业价值观（Corporate values）

指的是企业在经营过程中推崇的基本信念和奉行的目标，是为企业绝大多数成员所共有的关于企业

意义的终极判断，是企业文化的核心或基石。

◇英雄人物（Hero）

指企业为了宣传和贯彻自己的价值系统而为企业树立的可以直接仿效和学习的榜样。

◇习俗和仪式（Customs and rituals）

指在企业各种日常活动中经常反复出现、人人知晓而又没有明文规定的东西，它们是有形地表现出来而形式化了的，并显示内聚力程度的文化因素。

◇文化网络（Culture network）

是指企业内部以轶事、故事、机密、猜测等形式来传播信息的非正式渠道，是和正式组织机构相去甚远的隐蔽的分级联络体系。

- **物质层文化**（Material Culture）

指组织文化的表层部分，是形

成制度层的条件，它往往能折射出企业的经营思想、经营管理哲学、工作作风和审美意识。

- **制度层文化**（Institutional culture）

  指组织文化的中间层次，主要是指对企业员工行为产生规范性、约束性影响的部分，它集中体现了组织文化的物质层和精神层对企业员工行为的要求。

- **精神层文化**（Spiritual culture）

  指组织文化的深层，主要是指企业员工共同信守的基本信念、价值标准、职业道德及精神风貌，它是组织文化的核心和灵魂，决定着整个组织的文化性质和状态。

- **主流文化**（Dominant culture）

  指大多数成员所共同拥有的核心价值，它令组织有了与众不同的个性。

- **亚文化**（Subcultures）

  常常存在于大型组织当中，反映了相同部门或地理位置的成员群体所共同面临的问题、情况或者共同拥有的经验。

- **弱文化**（Weak culture）

  指组织内成员各执己见的文化。

- **柔性导向文化**（Flexible oriented culture）

  指鼓励创造性产出、风险承担和组织变革的文化，并且相信流程灵活性和创造性产出是企业获取竞争优势的关键。

- **员工－组织价值观匹配**（Employee-organizational value matching）

  指个体的价值观与所在组织的价值观相似或相容，强调员工与组织的核心价值观保持一致，并不要求员工与组织价值观完全相同。

- **强文化**（Strong culture）

  指在一套广泛的文化规范中，成员之间存在高度共识。我们将强文化定义为对最具价值的规范体系具有高度共识的文化。

- **文化规范**（Cultural norm）

  指从一个组织的价值观中产生的社会创造的标准。

- **团队双元文化**（The dual culture）

  指团队中拥有相互矛盾但又并存的两种类型的团队文化，包含适应性文化和一致性文化两个维度。

◇适应性文化（Adaptive culture）

指一种增强员工信心、鼓励员工冒险的文化。

◇一致性文化（Conformity Culture）

指强调成员间的共同愿景、团队内部有序和稳定以及成员间关系和谐的文化。

- **文化价值耦合**（Cultural value coupling）

指产学联盟协同创新合作主体的企业家精神、价值选择与判断权利以及创新文化的耦合。

- **文化智能**（Cultural intelligence）

指在跨文化背景下有效运作的能力。

- **情感文化**（Emotional culture）

指指导特定情绪表达（或抑制）的行为规范和工作，潜在的价值观和假设，以及在社会单元中显示这些情绪的适当性。

- **文化适应**（Cultural adaptation）

不同文化群体的人进行持续不断的直接接触时，一方或双方的原文化类型所产生的变化称为文化适应，文化适应可以分为同化、分离、融合、边缘化四个类型。

- **文化资本**（Cultural capital）

指由企业文化（企业价值观、信念、行为规范和模式）以及文化的物质载体所构成的资本。

- **文化共识**（Culture consensus）

指成员对一套广泛的文化规范达成一致的程度。

- **组织文化的导向功能**（The guiding function of organizational culture）

指组织文化对组织行为方向所起的显示和诱导作用。

- **价值凝聚**（Value condensed）

指通过共同的价值观，使组织内部存在共同的目的和利益，使之成为员工的精神支柱，从而把员工牢牢联结起来，为实现共同理想而聚合在一起。

- **组织文化的辐射功能**（The radiative function of organizational culture）

指当一个企业形成较为固定的

企业文化模式后，企业文化便不仅仅在企业内部发挥上述作用，它还会通过各种途径在社会上产生影响。

- **人为形式**（Artifacts）

  指自然和社会工作环境中的文化象征。

- **假定**（Assumption）

  指人们内心坚定的信念，它可以指导人们的行为，使组织成员知道如何理解和思考问题。

- **匹配性观点**（Fit perspective）

  指认为只要文化适合该行业或公司的战略就是好的文化的观点。

- **适应性观点**（Adaptation perspective）

  指认为只有那些能帮助组织适应环境变化的文化才与良好的企业绩效有关的观点。

- **组织氛围**（Organizational climate）

  指组织成员对于其所在组织和工作环境的共同认知。

- **工作道德氛围**［Ethical work climate（EWC）］

  指工作场所中大家共有的是非观，会作为组织环境的一部分逐渐发展起来。道德氛围反映了组织真实的价值观，并且影响着组织成员的道德决策。

- **文化差异**（Cultural differences）

  指由特有文化的语言、价值观、思维方式等因素产生的差异影响。

- **消除文化差异**（Eliminate cultural differences）

  指形成新的企业文化，建立员工所能接受的或多或少的统一价值体系。

13.2 组织文化理论

- **帕斯卡尔、阿索斯和麦肯锡的7S管理框架**（Pascale, Athos and McKinsey's 7S management framework）

  指战略（strategy）、结构（structure）、制度（system）、技能（skill）、人员（staff）、作风（style）、

共同的价值观（shared values），因所述七个变量英文名称的第一个字母都是"S"，所以被称为"7S框架"。这七个要素是相互关联而绝不是孤立的，它们相互影响。任何企业的成功，都必须紧紧抓住这7个要素。在7S框架中，共同的价值观（shared values）处于中心地位，其他6个要素黏合成一个整体，是决定企业命运的关键性因素。

- **威廉·大内的Z理论**（The theory of Z by William Ouchi）

指一切企业的成功都离不开信任、敏感与亲密，因此主张以坦白、开放、沟通作为基本原则来实行"民主管理"。

- **彼得斯和沃特曼的革新性文化理论**（Peters and Waterman's theory of innovative culture）

指杰出的公司有其独特的文化品质，并且杰出公司的标准就是不断创新的大公司。该理论提出了杰出公司组织文化的八大特征：采取行动；接近顾客；发挥自主性以及创业精神；通过人来提高生产率；建立正确的价值观，并积极执行；做内行的事；组织单纯，人员精干；宽严并济。

- **霍夫斯泰德的五种文化模式**（Hofstede's cultural dimensions）

◇不确定性回避

人们对一种模糊不清的情况和没有能力预测的将来可能发生的事件的感受程度。

◇阳刚性与阴柔性（生活数量与生活质量）

阳刚性表明了一个民族在自信、工作、绩效、成就、竞争、金钱、物质等方面占优势的价值观，即追求生活数量。阴柔性则是在生活质量方面，保持良好的人际关系、服务、施善和团结等。

◇个体主义与集体主义

个体主义指的是一种松散结合的社会结构；集体主义指一种紧密结合的社会结构。

◇权力距离

指群体承认和接受的权力在组织中的不平等分配的范围，是一种文化与另一种文化相区别的第一个维度。权力距离有大小之分，它的大小可以用指数PDI（power distance index）来表示。

◇短期导向与长期导向

短期导向：面向现在，较注重对当前的考虑。长期导向：面向未来，较注重对未来的考虑，对待事物以动态的观点去考虑；注重节约和储备，做任何事情均留有余地；常会想到目前的行为将对下几代人的影响。

- **克拉克洪与斯乔贝克的六大价值取向理论**（The six value orientation theories by Klukhohm and Strodtbeck）

指对人性的看法、对人与人之间关系的看法、对人与自然环境的看法、活动导向、空间观念以及时间观念。该理论认为，不同民族和国家的人在六大问题上有相当不同的观念、价值取向和解决方法，这就体现了这些群体的文化特征，从而可绘出各个文化群体的文化轮廓图，进而将不同文化区分开来。

- **蔡安迪斯的个体主义 – 集体主义理论**（The individualism-collectivism theory of Triandis）

指一个文化综合体，包括许多方面，并提出从五个方面定义个体主义和集体主义：个体对自我的定义、个人目标和群体目标的相对重要性、个人态度和社会规范决定个体行为时的相对重要性、完成任务和人际关系对个体的相对重要性、

个体对内群体和外群体的区分程度。

13.3 组织文化形式

- **仪式和典礼**（Ceremonies）

指有计划的活动或形式，有着重要的文化意义。仪式和典礼包括通过仪式、晋升仪式、各项庆祝典礼等。

- **组织文化的传播形式**（Organizational culture's mode of propagation）

组织文化需要借助一定的载体和形式加以传播、沟通和体现。组织文化的传播形式主要有礼仪和仪式、英雄人物、故事、文化网络、物质象征以及语言。

- **组织文化的外在表现形式**（Outward manifestation of organizational culture）

指文字，如标语口号；实物形象，如企业徽记、商标、标志物、产品；电子传播制品，如录像、电视片、广告活动与艺术表现形式，如各种集会、纪念会、文化活动、小品、戏曲等。

- **组织伦理**（Organizational ethics）

指以组织和组织成员为主体，在制度和法规之外用来调节组织与自然、组织与社会、组织与组织、组织与其成员以及组织成员之间相互关系的行为规范的总和。基本内容包括：组织伦理道德传统和习惯、组织伦理道德规范及行为、组织伦理道德价值观与原则、组织伦理道德意识、组织伦理道德教育、组织伦理道德评价等。

- **组织文化的维系**（Organizational culture maintain）

指不仅是组织管理者的口号和设计，而且应该从组织文化的物质层面、制度层面和行为层面全面推行。

- **组织故事**（Organization story）

组织文化的许多基本信仰和价值观被表达在故事中，成了组织中民间故事的一部分。

13.4 文化策略

- **本土中心策略**（Enthnocentric strategy）

指公司在所有外国子公司推行与本国惯例相同或相似的政策及方法。

- **多中心策略**（Polycentric strategy）

指每个子公司采用所在国的管理方法。

- **全球化策略**（Global strategy）

指公司形成并推行其在世界各国通行的政策，并通过企业的文化及理念加强之。

13.5 跨文化下的组织行为

- **A 型组织管理模式**（Type A organization management mode）

指注重硬管理、形式管理、理性管理和外显管理。

- **J 型组织管理模式**（Type J organization management mode）

指注重软管理、综合管理、人性管理和隐性管理。

- **跨文化沟通**（Cross cultural communication）

指拥有不同文化背景的人之间

的沟通。

- **跨文化管理**（Cross culture management）

指对拥有不同文化背景的人进行统一管理，要求跨国公司的管理者改变传统的单一文化管理理念，把管理重心转到对多文化的把握和文化差异的协调上，达到文化的理解、沟通、协调、融合，从而实现高效的企业管理。

- **跨文化团队**（Intercultural team）

指文化背景不同的人组织在一起工作的团队。

- **跨国管理者**（Multinational manager）

指跨国公司派驻海外的工作人员。

- **文化震颤**（Cultural tremor）

指跨国管理者在驻外过程中经历的一个文化适应过程，主要包括情绪高涨阶段、情绪低落阶段、情绪好转阶段和适应新环境阶段。

- **逆文化震颤**（Counterculture tremor）

指管理者返回母国工作时出现的"归国问题"，此时他们必须重新学习母国的文化观念、价值观和信仰。

13.6　组织变革与组织发展

- **组织变革**（Organizational change）

指运用行为科学和相关管理方法，对组织的权力结构、组织规模、沟通渠道、角色设定、组织与其他组织之间的关系，以及对组织成员的观念、态度和行为、成员之间的合作精神等进行有计划的、系统的调整和革新，以适应组织所处的内外环境和组织任务等方面的变化，提高组织效能。

- **组织变革能力**（Organizational capacity for change）

指能够让组织从容应对环境的变化的能力，是组织应对环境变化和创造竞争优势的必备能力之一。

- **变革推动者**（Change agents）

指在组织中负责实施变革活动的人，他们能够看到组织的未来，其他人却无法看到，而且他们能够激励、创建和实施这种愿景。变革推动者可以是管理者，也可以是非管理者；可以是组织内的员工，也可以是组织外的顾问。

- **变革动力**（Forces for change）

指组织变革受到很多因素的驱动，大体上讲，可以分为两类：一类是组织外部的动力，另一类是组织内部的动力。

- **变革动机**（Transform motivation）

指驱使组织为了存续与发展而做出变革行为的因素。

- **有计划的变革**（Planned change）

指一种经过深思熟虑的改变组织的变革。

- **无计划的变革**（Unplanned change）

指强加给组织的，并且通常是不可预见的变革。

- **主动式变革**（Active change）

指有计划的变革，是管理者洞察环境中可能给组织带来的挑战，考虑到未来发展趋势与变化，以长远发展的眼光，主动地制定对组织进行变革的计划并分段逐步实施。

- **被动式变革**（Passive change）

指管理者缺乏长远的战略眼光，当环境发生变动时，要么变得束手无策，要么在环境的逼迫下被动地匆匆作出组织进行变更的决定。

- **剧烈式变革**（Radical change）

指打破组织的原有框架，使组织产生一个新的平衡的变革。

- **渐变式变革**（Incremental change）

指规模可能很小的变革，这些变革实际上是组织的微调，或是做出小的改进，例如工作流程的改进。

- **战略性变革**（Strategic change）

指规模可能很大的变革，例如组织结构重组。在战略性变革中，组织在一定时期内由过去的老样子变为可知的新模样。

- **转变式变革**（Transformational change）

指最大规模的变革，在这种变革中，组织转变为一个完全不同，有时甚至是未知的超前状态。

- **变革代言人**（Change agent）

指组织中引导和管理变革的个人或团体。

- **脱离**（Disengagement）

指不参与，指的是心理上远离变革。

- **不认同**（Disidentification）

指员工感到自己受到了变革的威胁，对变革持不认同态度，觉得自己十分脆弱。

- **组织文化变革**（Organizational culture change）

指从组织内部主导组织文化类型的变化。

◇ **技术变革**（Technological change）

指有关组织生产过程的变革，包括保证差异化竞争的知识库、技能库等的变革。

◇ **产品服务与变革**（Product services and change）

指对一个组织输出的产品或服务进行改进的变革。

◇ **战略与结构变革**（Strategic and structural change）

指对战略管理、组织结构、组织政策、薪酬体系、劳资关系、管理信息与控制系统、会计与预算系统等方面的变革。

◇ **人员变革**（Personnel change）

指对员工的观念、态度、技术知识及个人和群体的行为等方面的变革。

◇ **文化变革**（Cultural change）

指对组织成员的价值观、信念、态度、期望、能力、行为的改变。文化变革涉及员工思考方式的改变，是对人的意识形态的一种变革。

- **变革阻力**（Resistance to change）

指与组织变革的动力相伴生的组织变革的阻力。不可避免地，变革会遭到抵制，而且抵制的形式是多样的。明显的抵制表现为怨声载道、罢工、劣质的工作甚至破坏等；隐蔽的抵制表现为迟到、要求调转、辞职等。一般来说，变革的阻力主要来自个人和组织。

- **不知所措**（Disorientation）

指员工茫无头绪、思维混乱，并通常对自己的感觉产生怀疑。

- **固化阶段**（Refreezing stage）

指新的态度、价值观和行为成

为现状，新的行事方法也得到巩固和加强的阶段。

- **变革策略**（Change strategy）

指克服组织变革阻力的策略，有沟通、说服教育、参与、促进与支持、谈判、操纵和收买七种不同策略。

- **操纵**（Manipulation）

指隐含的影响力。通常采用的操纵手段包括扭曲或屏蔽信息，或者以散布谣言的形式使员工同意变革。

- **外部动因**（External motivation）

指市场、资源、技术和环境的变化，这部分因素是管理者控制不了的。

- **内部动因**（Internal motivation）

指人的变化、组织运行和成长中的矛盾等因素。

- **微观变革**（Micro change）

指组织变革涉及小规模的、可管理的和一般的转变，如升迁或换岗。

- **中观变革**（Medium change）

指组织变革涉及大规模转变，它对相互作用、上下级关系和职责均产生影响。

- **宏观变革**（Macroscopic change）

指组织变革涉及巨大转变，它触及个人的生活，会改变个人的价值观和信念。

- **单方的权力**（Unilateral powers）

指组织的领导者凭借职位的权力或权威，单方面提出变革。

◇命令式的变革方式（Imperative mode of change）

指由具有较高正式权力的上级单方面宣布变革，然后把变革的命令传达到基层及职工，要求无条件地执行。

◇取代式的变革方式（Substitutional change）

指将组织内重要职位的人员以其他更为合适的人选取而代之，以人事调整推动组织变革。

◇结构变革方式（The way of structural change）

指通过改变正式组织的设计与技术等结构的关系来影响组织成员的行为，以此促进组织变革。

- **分享的权力**（Shared power）

指在组织变革阶段，下属在参

与组织变革中的权力扩大了，上层与下属之间在组织变革中出现了权力的互动与分享。

◇群体参与的变革方式（The change mode of group participation）

指由上级预先拟订多种变革方案后由组织成员共同参与方案的选择。

◇群体决策的变革方式（The change mode of group decision making）

指不仅由群体共同讨论问题，而且共同确定组织变革的方法。

- **授权的权力**（Authorized powers）

指在变革阶段将变革的权力交给下级。

◇个案讨论的变革方式（The way of change in case discussions）

指通常由权威人士运用他们的影响力和权力来指导问题的讨论，鼓励成员进行独立分析，对变革案例提出自己的看法与主张，并采取他们认为合适的方式进行变革。

◇敏感性训练的变革方式（Sensitivity training）

指通过受训者在共同学习的环境中相互影响，提高或强化受训者对自己的感情和情绪、自己在组织中所扮演的角色、自己同别人的相互影响关系的敏感性，进而改变个人和团体的行为。

- **人员导向的变革方式**（Personnel-oriented change）

指以人员为中心实施变革，它是假设人们通过教育、培训会改变知识结构，进而改变个人的态度、看法、行为，从而改变群体的行为，最后实现组织效率的提升。

- **组织导向的变革方式**（Organizational oriented change）

指以组织为中心实施变革，它假设人的态度很难自动地变化。

- **系统导向的变革方式**（System-oriented change）

指假设组织变革既非完全以人为中心的导向，也非完全以组织为中心的导向，因为所有的组织都是建立在一个相互依赖的系统之上。

- **激进式变革**（Radical change）

指对组织进行大幅度的、全面的变革，是对组织结构和管理流程的再造。

- **组织变革的过程**（Process of organizational change）

指组织变革要经过一定的程

序，主要包括七个步骤，分别为：确定问题、组织诊断、制定变革方案、实施变革、评估变革实施效果、信息反馈和维持并使变革制度化。

◇组织诊断（Tissue diagnosis）

指依据和运用科学方法收集相关资料，对组织现状、存在的问题进行分析和界定的过程。

◇制定变革方案（Develop change plans）

指在组织诊断的基础上制订组织变革的行动方案。

◇实施变革（Implementation of change）

指将组织变革的方案或计划付诸行动。

◇评估变革实施效果（Evaluating the effect of change implementation）

指对组织变革的绩效和影响进行分析与论证，总结成效与经验，以作为延续或终止变革的依据。

- **阶段性变革模式**（Stage reform mode）

指"解冻、转变、再冻结"三个阶段。

◇解冻（Unfreezing）

指包括鼓励员工改变以往的行为，打破维持现状的平衡状态。

◇转变（Moving）

指在转变阶段，新的态度、价值观和行为取代旧的态度、价值观和行为。

◇再冻结（Refreezing）

指对支撑起这一变革的新行为的强化。变革必须在全公司内得到传播并达到稳定状态，再次冷冻涉及建立支持该变革的控制体系，必要时采取改正措施，以及强化变革日程中所支持的行为和表现。

- **组织变革的模式**（Patterns of organizational change）

指组织变革的要素构成、运行程序和变更方式方法的总体思维框架。国外学者的观点总结如下：（1）组织变革四变量模式：美国学者莱维特认为，组织变革的模式由四个变量构成，并形成特定的关系。这四个变量是：结构、任务、技术、人员。（2）组织变革的动因模式：指从组织变革的内在原因与动机出发，探讨组织变革的模式。要从组织变革的原因、动机、选择、目标四个环节来探讨组织变革的模式及过程。（3）组织变革的程序模式，即勒温的变革程序模式，即解冻—变革—再冻结三阶段。

（4）凯利的变革程序模式：诊断、执行和评估三个阶段。

- **组织发展**［Organizational development（OD）］

指一种基于行为科学研究和理论的、有计划的、系统的组织变革过程。它是进行有计划的组织变革的一种长期的、系统的、约定俗成的方法，是组织为了适应内外环境的变化，改进和更新组织，以求达到最佳化和高效化。

- **干预技术**（OD intervening technique）

指为了改善组织，针对有关的成员或团体采取的各种措施。

- **T型群体**（T-GROUP）

T型群体或称为敏感性群体。敏感性群体的变革方法，主要研究在人与人正面接触这样的群体中的人的交互作用。

- **格道式发展**（Lattice development）

指管理方格图派生而来的全面改进企业组织的方法。它所采用的基本思想和方法类似于管理方格图，但是涉及的范围更广，目的在于使企业组织获得最大限度的利润，以达到所谓的"最佳的境界"，实现9.9式管理。

- **调查反馈法**（Survey feedback method）

指在组织的范围内广泛地进行现场调查，了解组织各方面的状况（领导行为、员工态度、组织气氛、群体过程等）。

- **目标管理**［Management by objectives（MBO）］

作为在整个组织中使用的方法，目标管理包括管理者和员工的共同目标的设定。

- **质量计划**（Quality programs）

指将提供优质产品和服务植根于组织文化中的计划。

- **流程咨询**（Process consultation）

指一种有助于管理者和员工改进组织流程的组织发展方法，由埃德加·沙因（Edgar Schein）最先倡导。最受欢迎的流程包括沟通、冲突解决、决策、团队互动和领导力。

- **技能培训**（Skills training）

强调的重要问题是"有效从事

此项工作需要的知识、技能和能力?"。技能培训既可以在教室中进行,也可以在工作中完成。

- **领导力训练和发展**(Leadership training and development)

  指涉及许多旨在提高个人领导技能的方法,许多公司为此投资数百万美元。一种流行的方法是将未来的领导者送去参加异地培训课程。

- **高管教练**(Executive coaching)

  指经理或高管与一位教练搭档,来帮助管理人员在工作中,有时甚至是个人生活中表现得更有效率的一种方法。

- **角色协商**(Role negotiation)

  指一起工作的人在工作关系中有时对彼此的期望不同,角色协商是一种简单的方法,它可以使大家坐在一起,明确各自的心理契约。

- **工作再设计**(Job redesign)

  指一种组织发展介入方法,工作再设计强调个人技能和组织需求间的协调。

- **健康促进计划**(Health promotion programs)

  指采用的形式是员工健康促进活动,这些计划的主要组成部分包括面对压力及应对压力的教育,放松训练、公司赞助的运动和员工援助计划。所有的成分都侧重于以一种预防性的方式来帮助员工管理他们的压力和健康。

- **职业生涯规划**(Career planning)

  指的是将个人的职业生涯目标与组织中的机会相匹配。

- **敏感性训练**(Sensitivity training)

  指的是通过非结构化的群体互动来改变行为的一种早期方法。在训练中参与者处于一种自由、开放的环境中,讨论他们自己以及与他人的互动过程,讨论中由一位专业的行为科学家稍加引导。

- **群体间发展**(Intergroup development)

  指致力于改变不同群体对彼此的态度、观念和刻板印象。这里的培训与多元化培训十分相似(事实上,多元化培训主要源于组织发展中的群际发展),但有一点不同的是,群体间发展并非聚焦于人口特征的差异，而是重点关注组织内的职位、部门或分工的差异。

- **赞赏式调查**（Appreciative inquiry）

  指大多数群体发展方法是以问题为中心的，即先找到一个或一系列问题，而后寻找解决方案。然而，赞赏式调查的方法却特别关注积极的方面，即识别组织的特殊能力或者优势，而不是组织需要解决的问题。

- **创新**（Innovation）

  指一种特殊的变革，它是一种用来创造或者增强产品、过程或服务的新理念。

- **理念先锋**（Idea champion）

  指在新理念提出之后，理念先锋会积极热情地宣传理念、寻求支持、克服阻力并力保理念得到执行。

引用文献

书籍：

［1］陈春花，杨忠，曹洲涛．（2016）．组织行为学（第3版）．机械工业出版社．

［2］关培兰．（2010）．组织行为学（第4版）．中国人民大学出版社．

［3］胡立君，唐春勇．（2010）．组织行为学．武汉理工大学出版社．

［4］李爱梅，凌文辁．（2015）．组织行为学（第2版）．机械工业出版社．

［5］刘新智．（2013）．组织行为学．清华大学出版社．

［6］斯蒂芬·罗宾斯，蒂莫西·贾奇．（2016）．组织行为学（第16版）．中国人民大学出版社．

［7］张德，陈国权．（2011）．组织行为学（第2版）．清华大学出版社．

期刊文献：

［6］于天远，吴能全．（2012）组织文化变革路径与政商关系——基于珠三角民营高科技企业的多案例研究．管理世界，（8）：129 – 146.

［4］Cho, J., & Morris, M. W.（2015）. Cultural study and problem-solving gains: Effects of study abroad, openness, and choice. *Journal of Organizational Behavior*, 36（7），944 – 966.

［5］Lockett, A., Currie, G., Finn, R., Martin, G., & Waring, J.（2014）. The influence of social position on sense making about organizational change. *Academy of Management Journal*, 57（4），1102 – 1131.

第十四章　组织知识管理与组织学习

14.1　组织知识管理

- **知识管理**（Knowledge management）

  指从全局视角进行的系统地、明确地、有意识地构建、更新和应用知识的循环过程。

- **组织知识管理**（Organizational knowledge management）

  指组织对知识资产有效地利用、开发与发展，以提高组织应变能力和创新能力的管理方式。

- **显性知识管理**（Explicit knowledge management）

  指对组织中可用语言、文字、数字、图像、符号、数学公式等表述与编码的知识，如计算机程序、设计规范、操作规范等的管理。

- **隐性知识管理**（Tacit knowledge management）

  指对存在于个人头脑或某种特定环境中，难以被表述与编码的知识的管理。

- **行为学派的知识管理**（The knowledge management of behavioral school）

  主要侧重关注发挥人的能动性，关注对人类个体的技能或行为的评估、改变或改进过程，热衷于对个体能力的学习、管理和组织方面进行研究，认为知识等于过程，是一个对不断改变的技能的一系列复杂的、动态的安排。

- **技术学派的知识管理**（The knowledge management of technical school）

  主要侧重关注借助技术的效率，关注信息管理系统、人工智能、重组和群件等的设计和构建，认为知识是一种组织资源，是一种物质对象，并可以在信息系统中被标识和处理，即可以被管理和控制。

- **经济学派的知识管理**（The knowledge management of economical school）

  主要侧重关注经济效益，即如何更好地取得优势利益。该学派认为，知识管理其实只是观察商业世界的一种方式，它帮助认识谁和什么是公司真正的资源。

- **战略学派的知识管理**（The knowledge management of strategic school）

  主要侧重关注不同的组织面向不同的战略性目标。战略目标可以包括直接经济目标，但不局限于单纯的直接经济目标。战略学派主要是由战略管理的理论研究出发，有机结合了行为学派和技术学派的部分观点（如注重发挥人的能动性、应用信息技术），并在不断改进管理和有效指导具体的实践活动的基础上发展而来。

- **知识技能的过时**（Obsolescence of knowledge and skills）

  指因社会进步，以前学习的知识和技能不再适用。

- **知识技能的贬值**（Depreciation of knowledge and skills）

  指由于年龄增长，个体获取知识、技能的能力下降。

- **知识型员工**（Knowledge-based worker）

  指拥有良好的教育背景和智力资本，具备较强的学习和创新能力，能有效利用现代科学技术知识为企业带来知识资本增值、创新活力与绩效提升的员工。与普通员工相比，知识员工具有如下特点：具有较强的自主性；具有独特的价值观；具有较强的成就动机；具有高度的使命感；具有强烈的个人发展与流动意愿；蔑视权威，不迷信、重真理；忠于职业多于忠于组织；劳动过程难以控制；劳动成果难以控制；愿意为全社会做贡献而不太乐意与同事、企业共享成果。

- **新生代知识型员工**（A new generation of knowledge workers）

  指在我国 20 世纪 80 年代以后出生的，具有独特个性和较强学习能力、创新能力，并能够充分利用专业化、现代化科学技术知识提高工作效率的脑力劳动者。

- **知识重叠**（Knowledge overlap）

  指知识源于接受者所共有的最大知识基（共同知识体）。在个体层面上，可以由不同组织的个体所拥有的相同或相似技术、技能或经验来表现其特征，如共有的经验、专业术语、流程，以及相似的专有技术、学习技巧或处理问题的方式等；在组织层面上，可以由不同组织的运作程序和组织文化等方面的相似性来表现。

- **适应性迁移**（Adaptive transfer）

  指根据新的性能需求使用现有知识和技能的能力。

- **追随者帮助**（Follower help）

  指员工的同事在需要时协助同事完成其任务的程度，如分享他们的知识和专长，在困难或具有挑战性的情况下提供鼓励和支持。

- **内隐联想**（Implicit association）

  指潜在知识结构与相关外部刺激之间的关系，并且与明确的信念不同，可以通过暴露于相关刺激而潜意识地触发。

- **信息距离**（Informational distance）

  指消费者对决策选项拥有的知识或相关数据量。

- **知识差距**（Knowledge gaps）

  指知识需求与知识供给之间的差距，又称为知识缺口。

- **知识操纵**（Knowledge manipulation）

  指为了自己的利益，故意夸大自己知识的价值和内容。

- **元知识**（Meta knowledge）

  指用来描述一类知识或知识集合所包含的内容、性质、存在方式、认知程序与状态、认知主体与知识的关系等。

- **战略任务知识**（Strategic task knowledge）

  指对情景评估和排序所必需的知识。

- **知识共享**（Knowledge sharing）

  指团队或组织内的一种知识转化过程，通过个体将知识贡献给其他成员和收集他人的知识输出，完成知识交流以实现双方乃至整个组织知识价值最大化。

- **团队知识共享**（Team knowledge sharing）

  指团队成员相互分享与任务相关的想法。

- **知识共享氛围**（Knowledge sharing atmosphere）

  是知识共享和组织氛围相结合产生的一个概念，通常被定义为团队成员对团队内知识共享情况的感知，反映了以知识共享为导向的成员间关系、信息和建议的程度。

- **组织创新氛围**（Organizational innovation atmosphere）

  指存在于组织内部，能够被组织内部人员间接或直接感知到其所处工作环境整体层面的创新支持程度。

- **团队学习目标导向**（Team learning goal orientation）

  指成员对团队在多大程度上重视学习的共享感知，该感知有助于推进团队制定决策、解决问题和团队协作。

- **知识心理所有权**（Intellectual psychological ownership）

  指个体基于产权意识的知识占有感。

- **知识转移**（Knowledge transfer）

  知识转移是知识从一个载体转移到另一个载体的过程。知识转移可以通过口头传授，通过非正式的方式，也可以通过组织建立正式的机制来进行。

- **知识转移意愿**（Willingness to transfer knowledge）

  指知识拥有者公开、传授和共享自身知识及知识接收者积极配合、接收知识的意愿程度。

- **知识贡献意愿**（Willingness to donate knowledge）

  指向他人提供、交流自己所拥有的知识的意愿。

- **知识收集意愿**（Willingness to collect knowledge）

  指通过询问、搜寻来获取他人

所拥有的知识的意愿。

- **知识权力丧失**（Loss of intellectual power）

  指员工因与同事分享知识而产生的对失去个人知识独特价值、知识独占性以及赖以赢得他人尊重等组织权力基础的担忧与恐惧心理。

- **知识网络**（Knowledge network）

  指由拥有互补性知识资源的企业（或机构）通过建立合作关系而构成的动态组织，是实现企业间知识转移的重要通道，嵌入外部知识网络可以快速弥补自身知识资源缺口。

- **知识资本投资**（Intellectual capital investment）

  指企业在知识资本上的支出和花费，包括计入企业资产负债表的资产部分和直接计入当期损益的部分，是企业高风险的战略性投资行为。

- **知识创造**（Knowledge creation）

  指个体、组织与环境在动态的交互过程中形成多种矛盾的辩证过程。

- **知识进化**（Knowledge evolution）

  指构成物种（组织）的多个个体通过相互作用的形式，使组织知识基因发生重组和突变的过程。

- **客户特征知识**（Customer feature knowledge）

  指服务业从业者对各种不同类型的顾客及其特点的了解。

- **服务策略知识**（Service strategy knowledge）

  指有关如何应对不同类型的顾客需求、不同服务情境的知识或技巧。

- **任务的知识协调**（Task knowledge coordination）

  指团队成员充分整合并利用彼此的专长和知识的程度。

- **编码性知识**（Coding knowledge）

  指能够被编码和储存于数据库中，且能被组织成员方便地获取、转换和使用的知识。

- **知识集成**（The knowledge integration）

  指系统化能力、社会化能力与

合作化能力的化合物，是个体、组织、组织间进行知识交流和创新的过程。

- **知识隐藏**（Knowledge hiding）

指员工面对同事知识请求时故意隐瞒或刻意掩饰的行为，这种行为既削弱了组织绩效、抑制了同事的创造力，又会引发同事间不信任循环，对知识隐藏者本人的创新和绩效也造成不利影响。

- **团队知识隐藏**（Team knowledge hiding）

指整个团队的知识隐藏状况，揭示了成员之间相互隐藏知识并恶性循环的现象。团队成员的知识隐藏行为会带来一系列的消极后果，如降低团队创造力、导致团队成员之间的不信任关系等。

- **技能性知识**（Skill knowledge）

指现象加工的结果，具体指解决问题所展示的经验与才能，包括创造、储存、转移与运用知识的能力。

- **知识获取行为**（Knowledge acquisition behavior）

指组织成员从组织外部（如与专家交流，参加研讨会，阅读专业书籍、期刊等）吸收有利于工作的知识进而产生新想法的行为。

- **组织知识共享的有限理性**（Limited rationality in organizing knowledge sharing）

指个体在有限的条件下，无法预知其共享行为将会带给组织及自身什么效应，而是根据组织以往的情况及相关的考核制度为依据，决定是否进行知识共享及共享知识程度等。

14.2 组织学习

- **组织学习**（Organizational learning）

涵盖在知识管理范围之中，是知识共享和利用的过程。组织学习强调组织为了实现发展目标、提高核心竞争力而围绕信息和知识技能所采取的各种行动，是组织不断努力改变或重新设计自身以适应持续变化的环境的过程。

- **组织学创能力**（Organizational learning and innovation capability）

指组织根据环境的变化，建立

一种能同时开展学习和创新活动，使学习和创新活动均保持合适的程度，将学习和创新活动融为一体，从而使组织实现自身目标的能力——学习和创新能力，统称为组织学创能力。

- **组织学习能力**（Organizational learning capability）

　　指组织内成员通过对知识、信息及时吸收、全面掌握，并对组织做出正确、快速的调整，以利于组织发展的能力。

- **外部知识网络能力**（External knowledge network capability）

　　指企业战略规划与外部知识源之间的直接或间接联结，聚焦维持与关键知识源的关系以获取整个知识网络中的非冗余知识，同时平衡知识网络规模和知识源多样性的关系，在知识的双向流动中实现组织间知识资源共享并获取控制利益和信息利益，是贯穿在企业创新过程各个阶段的动态能力。

- **知识转移能力**（Knowledge transfer capability）

　　知识转移是知识从一个载体转移到另一个载体的过程。而知识转移能力指知识节点进行知识转移活动中表现出来的能力。

- **网络构建能力**（Network building capability）

　　指个体具有识别和构建各种关系与人际网络的能力。

- **适应型学习**（Adaptive learning）

　　产生于个体和组织从经验和反思中学习时，指以下几个方面：①组织采取必要的行动以促进组织目标的实现；②行动导致一些内部和外部的结果；③分析导致的变革与目标的一致性；④为了提升绩效采取新的行动，或者完善和改进以前的举措。

- **自主型学习**（Autonomous learning）

　　指个体带头诊断他们的学习需求，规划学习目标，确定学习的人力资源和材料资源，选择和实施合适的团队策略并且评估学习成果的一个过程。

- **学习契约**（Learning contract）

　　指在两个或更多个体之间达成某种协议，它由"学习目标""学习资源和战略”“完成任务的凭据”“验证凭据有效性的标准和手段”四个部分构成。

● **转换型学习**（Transformational learning）

指个人了解组织和工作的能力或动力的核心，旨在推动个体的改变。

● **参考框架**（Frames of reference）

指宽泛地理解事物的思想习惯，这种习惯形成对具体事件的不同理解，在不同的情形中表现出来。

● **学习代理人**（Learning agent）

指负责把信息以一种有意义、易于控制的方式传递给员工的个体。

● **自然型学习**（Natural learning）

指个体主动与环境相互作用的结果。

● **正规型学习**（Formal learning）

指其他人对信息做出选择并将其展示给学习者的过程。

● **个人型学习**（Personal learning）

指个体改进知识、技能或行为

的自主型学习。

● **体验式学习**（Experiential learning）

指一种获取经验并将经验转换成知识和创造知识的学习过程。体验式学习是个过程，是个直接认知、欣然接受、尊重和运用当下被教导的知识及能力的过程。它特别适合处理人生中重要的事务，它在尊重之下去触碰人们深层的信念与态度，深植于内心的情绪、沉重的价值观，或相当难熬的人性课题。

● **关系学习**（Relational learning）

是渠道学习理论的核心变量之一，指渠道上、下游成员间的互动学习行为。这类渠道成员间的学习本质上是一种特定情境下的组织间学习，该领域的研究借鉴了大量的组织学习研究及其相关理论。

● **利用式学习**（Exploitative learning）

指对有限知识域进行局部和深度搜寻，是对已有知识轨迹的延续，以现有知识为基础对现有能力、技术和范例进行精炼。

- **情境学习**（Situational learning）

指团队向外部对象学习有关环境的方面。情境学习理论认为，学习不仅仅是一个个体性的意义建构的心理过程，更是一个社会性的、实践性的、以差异资源为中介的参与过程。

- **学习目标定向**（Learning goal orientation）

指个体的动机以及愿望在大脑中形成的一种认知倾向，反映了个体追求成就的学习动机水平。

- **转化式学习**（Formative learning）

指企业把智力资本视为重要资源，进而对其进行动态整合和适时吸收、转化，以适应瞬息万变的外部环境。

- **学习 – 效率范式**（Learning-efficiency paradigm）

指组织既认可国籍种族等不同导致的表层多元化，更意识到员工通常基于自身的文化背景制定决策的一种多元化管理范式。

- **经验学习**（Experience learning）

指个体通过转化自己所积累的经验来创造知识的过程，是创业学习的一种重要方式。

- **创业行动学习**（Entrepreneurial action learning）

指创业者以解决创业问题、完成创业任务为目的，通过批判反思常规模式进入行动学习的"行动—反思—再行动—再反思"循环路径的一种学习方式。个体学习到的知识和经验得以内化、升华，然后将内化的知识指导下一轮实践以解决创业问题，如此往复，实现创业能力的螺旋式上升。

- **探索式学习行为**（Exploratory learning）

指企业中成员对新知识的学习与创造，倾向于脱离组织当前已有的知识基础，旨在组织寻找新的知识范畴，开发新的解决方案，做出新的尝试，从而开创新的知识领域的行为。其特点是发现、试验、冒险和创新。

- **传承性学习**（Inheritable learning）

指当组织面临的可预测的变化数量较多，而不可预测的变化数量相对较少时，组织应主要采取传承性学习模式，即可从别人和自身已有的经验中学习。

● **创造性学习**（Creative learning）

指当组织面临的可预测的变化数量较少，而不可预测的变化数量相对较多时，组织应采取创造性学习模式，具体包括试验式学习和想象式学习。

◇试验式学习（Tentative learning）

指组织在大规模的变化前进行小型试验，然后根据试验结果再决定是否进一步推广。

◇想象式学习（Imaginative learning）

指对未来变化趋势进行大胆和适度的想象和预测，并以此为基础提出对可能发生的变化的应对措施。

● **传创性学习**（Inheritable-creative learning）

指组织面临的可预测的变化数量与不可预测的变化数量都较多时，组织面临的是更复杂的变化，大多数组织均处于这种状态，此时应采取传承性学习和创造性学习的整合模式——传创性学习，既要强调从自身和他人以往的经验中学习，也要大胆地进行试验式和想象式的创造性学习。

● **替代学习**（Vicarious learning）

替代学习亦称"观察学习"，指学习者观察榜样在一定情境中的行为及其结果且无须直接强化地学习。

● **学习障碍**（Learning disabilities）

指在获得和使用听、说、读、写、推理或数学能力方面存在的重大困难的异质性障碍。

● **感知学习氛围**（Perceived learning climate）

指员工对组织在帮助他们创造、获取和传递知识方面的有益活动的看法。

● **组织分析型认知**（Organizational analytic cognition）

指组织是拘泥的、收敛的，倾向于维持一项任务的延续和稳定的认知。

● **组织创造型认知**（Organizational creative cognition）

指组织是扩张的、不受拘束的、创造的，并倾向于关注积极目标，寻求创新的认知。

- **时间制度工作**（Temporal institutional work）

  指行动者在改变制度的过程中构建、指引和利用时间规范的目的性行为。

- **发展性工作经验** ［Developmental job experience（DJE）］

  指个人执行要求苛刻的工作任务的经验，这些工作任务提供学习机会（McCauley et al.，1994），并提升了个人在商业知识、洞察力、决策技能和人际关系有效性等领域的领导能力（Dragoni et al.，2009）。

- **紧急响应组**（Emergent response groups）

  指没有预先存在的结构，如小组成员、任务、角色或专门知识，是可以预先指定的个人集合，并且具有紧迫感和高度相互依赖的特征。

- **回顾**（Review）

  指运用以前的知识开展的活动和训练。

14.3 组织记忆与组织遗忘

- **组织记忆**（Organizational memory）

  指信息获取与知识应用的过程，可视为有利于不同知识存储和检索的存储库结构。

- **过程性组织记忆**（Procedural organizational memory）

  指完成任务相关技巧的记忆，它作为一种惯例存在于多个个人行为的模式和习惯中。

- **陈述性组织记忆**（Declarative organizational memory）

  陈述性记忆是指对有关事实和事件的记忆，而陈述性组织记忆指对事实、事件或命题等的记忆过程。

- **文化类组织记忆**（Cultural organizational memory）

  指组织发展过程中积累的精神财富，主要包括组织文化、组织气氛、组织核心价值观和理念等。

- **技术与业务类组织记忆**（Technical and business organizational memory）

　　指推动组织发展、维持组织正常运作的专门性的知识，包括技术、经验，还包括规范、流程等管理知识，这类知识以组织发挥与团队互动的形态展开，对保证组织及部门业务的开展起着重要作用。

- **组织遗忘**（Organizational forgetting）

　　指组织在知识超载的状态下对知识的有效"清洗"，是组织从已有的知识库、组织记忆中丢失知识的过程。

- **组织主动遗忘**（Organizational intentional forgetting）

　　指主动遗忘旧的过时知识（即忘却学习）和主动遗忘新的有害知识（即规避恶习）的过程。

- **忘却学习**（Forgetting learning）

　　指组织能辨别已过时的知识，并将它们抛弃的一种工作方法。忘却学习就是企业有意将有些根植于企业内部的知识转移，忘却那些对公司发展无益甚至有害的知识。

14.4　学习型组织

- **学习型组织**（Learning organization）

　　指通过培养弥漫于整个组织的学习氛围、充分发挥员工的创新性思维能力而建立起来的一种有机的、高度柔性的、扁平的、符合人性的能持续发展的组织。学习型组织具有五种基本特征：人们摒弃旧的思维方式；学会与他人坦诚相待；了解组织的运行方式；制定每个成员都认可的愿景；为实现该愿景而通力合作。

- **五项修炼**（The fifth discipline）

　　指企业构建学习型组织的五个关键环节，包括自我超越、改善心智模式、建立共同愿景、团队学习、系统思考。这五项修炼的关系是"建立共同愿景"，使组织成员有一个共同的奋斗目标并认同这个目标。但对组织目标的认同需要借助"团队学习"的手段，即要求组织成员之间充分沟通，并建立起充分的信任。为此，必须改善所有成员，特别是管理者的"心智模式"，即改变他们根深蒂固的不良习惯和固有的思维模式；组织成员的"自我超越"即成员个人的不断创新、不断进取又构成学习型组织的精神基础，反之，也只有学习型组织可以为每个成员提供最有利于成长的环境；"系统性思考"则是以系统的观点来看待组织内部的关系以及组织与外部世界的联系，使得管理者有可能对其组织的运作获得深刻的洞察力。

◇ 自我超越（Personal mastery）

指的是突破极限的自我实现，强调的是自我的进步与发展。

◇ 改善心智模式（Improve mental models）

指改变思想方法、思维方式，包括价值观、信念、态度和假设，这些构成了个人的基本世界观。改善心智模式必须学会把镜子转向自己；必须学会有效地表达自己的想法；必须学会开放心灵，容纳别人的想法。

◇ 建立共同愿景（Building sharing vision）

指建立组织学习的里程碑，它代表了员工的共同观点，由组织成员对组织使命和目标的认识衍变而来。

◇ 团队学习（Team learning）

指通过鼓励沟通和合作以促进成员之间的相互协作和相互尊重的一种学习方式，使团队成员开阔视野、加深理解、丰富观点、拥有良好的自我感觉，同时将他人作为组织的资源来重视。

◇ 系统思考（Systems thinking）

指对组织生命各方面的考察和反思，比如使命和战略、结构、文化及管理实践。系统思考是一项看清复杂状况背后的结构，以及分辨高杠杆解与低杠杆解差异的修炼。

- **全面绩效卓越**（Total performance excellence）

指超出预期的出色的绩效。

- **单环学习**（Single-loop learning）

指当发现错误时，总是依靠过去的规则或者现有的政策进行纠正。

- **使命故事**（Purpose story）

指领导者内心深处拥有的能清楚说明组织存在的理由以及组织要往何处去的愿景。

- **深度会谈**（Dialogue）

指团队学习修炼的开始，包括反思、探询等，通过深度会谈可以观察自己的思维，增进集体思维的敏感性。

引用文献

书籍：

[1] 陈春花，杨忠，曹洲涛．（2016）．组织行为学（第3版）．机械工业出版社．

[2] 李爱梅，凌文辁．（2015）．组织行为学（第2版）．机械工业出版社

[3] 聂锐，芈凌云，吕涛．（2008）．管理学．机械工业出版社．

[4] 张德，陈国权．（2011）．组织行为学（第2版）．清华大学出版社．

期刊文献：

[1] 陈国权．（2017）．面向时空发展的组织学习理论．管理学报，14（7），982–989.

[2] 陈国权．（2017）．学创型组织的理论和方法．管理学报，14（11），1608–1615.

[3] 陈建勋，郑雪强，王涛．（2016）．"对事不对人"抑或"对人不对事"——高管团队冲突对组织探索式学习行为的影响．南开管理评论，19（5），91–103.

[4] 董临萍，李晓蓓，关涛．（2018）．跨文化情境下员工感知的多元化管理、文化智力与工作绩效研究．管理学报，15（1），30–38.

[5] 段发明，党兴华．（2016）．高管领导行为对组织认知和技术创新绩效的影响：区分高管是否为创始人的实证研究．管理工程学报，30（2），1–9.

[6] 侯楠，杨皎平，戴万亮．（2016）．团队异质性、外部社会资本对团队成员创新绩效影响的跨层次研究．管理学报，13（2），212–220.

[7] 黄维德，柯迪．（2017）．社会关系强度对人力资本贬值的影响：工作压力与知识获取的中介作用．南开管理评论，20（5），94–104.

[8] 黄昱方，耿叶盈．（2016）．基于组织自尊中介作用的工作团队咨询网络对交互记忆系统的影响机制研究．管理学报，13（5），680–693.

[9] 姜飞飞，江旭，张懋．（2014）．企业家导向对企业知识转移绩效的影响——国有企业与民营企业的比较研究．管理评论，（11），119–131.

[10] 李柏洲，赵健宇，苏屹．（2014）．基于SECI模型的组织知识进化过程及条件．系统管理学报，23（4），514–523.

[11] 李浩，黄剑．（2018）．团队知识隐藏对交互记忆系统的影响研究．南开管理评论，21（4），134–147.

[12] 李佩仑．（2018）．知识和元知识：从知识的生成到知识的管理．图书馆理论与实践，224（6），63–66.

[13] 李锐，田晓明，孙建群．（2014）．自我牺牲型领导对员工知识共享的作用机制．南开管理评论，17（5），

24 - 32.

[14] 李卫东，刘洪．（2014）．研发团队成员信任与知识共享意愿的关系研究——知识权力丧失与互惠互利的中介作用．管理评论，26（3），128 - 138.

[15] 廖化化，颜爱民．（2016）．情绪劳动与工作倦怠——一个来自酒店业的体验样本研究．南开管理评论，19（4），147 - 158.

[16] 林筠，王蒙．（2014）．交互记忆系统对团队探索式学习和利用式学习的影响：以团队反思为中介．管理评论，26（6），143 - 151.

[17] 刘松博，张鹏程，徐才宁．（2014）．团队外部学习：理论缘起、相关研究与展望．管理评论，26（5），39 - 49.

[18] 潘安成，刘何鑫．（2015）．情理文化下关系化行为与组织知识演化的探索性研究．南开管理评论，18（3），85 - 95.

[19] 屈晓倩，刘新梅．（2016）．信息型团队断裂影响团队创造力的作用机理研究．管理科学，29（2），18 - 28.

[20] 芮正云，罗瑾琏．（2017）．新创企业联盟能力，网络位置跃迁对其知识权力的影响——基于知识网络嵌入视角．管理评论，29（8），187 - 197.

[21] 王聪颖，杨东涛．（2017）．期望差距对新生代知识型员工离职意向

的影响研究．管理学报，14（12），1786 - 1794.

[22] 王建军，陈思羽．（2016）．创新、组织学习能力与 IT 外包绩效关系研究：关系质量的中介作用．管理工程学报，30（2），28 - 39.

[23] 王龙伟，宋美鸽，李晓冬．（2018）．契约完备程度对隐性知识获取影响的实证研究．科研管理，39（12），56 - 63.

[24] 王淑敏，王涛．（2017）．积累社会资本何时能提升企业自主创新能力——一项追踪研究．南开管理评论，20（5），131 - 143.

[25] 王向阳，郗玉娟，谢静思．（2017）．基于知识元的动态知识管理模型研究．情报理论与实践，40（12），98 - 103.

[26] 吴继兰，张嵩，邵志芳，马光．（2015）．基于知识贡献考核和效用的组织个体知识共享博弈分析与仿真．管理工程学报，29（1），216 - 222.

[27] 谢富纪，王海花．（2015）．企业外部知识网络能力的影响因素——基于扎根方法的探索性研究．系统管理学报，24（1），130 - 137.

[28] 谢雅萍，陈睿君，王娟．（2018）．直观推断调节作用下的经验学习、创业行动学习与创业能力．管理学报，15（1），57 - 65.

[29] 徐建中，朱晓亚．（2018）．社会网络嵌入情境下 R&D 团队内部知

识转移影响机理——基于制造企业的实证研究．系统管理学报，27（3），422 – 451.

[30] 徐娟．（2010）．企业知识管理策略选择及适应性分析．科技管理研究，30（3），112 – 114.

[31] 徐萌，蔡莉．（2016）．新企业组织学习对惯例的影响研究——组织结构的调节作用．管理科学，29（6），93 – 105.

[32] 姚山季．（2016）．智力资本对顾客参与的驱动影响：转化式学习视角．管理科学，29（2），53 – 67.

[33] 姚艳虹，陈俊辉，周惠平．（2017）．企业网络位置、开放度对创新绩效的影响——组织记忆的中介作用．科技管理研究，37（8），185 – 192.

[34] 韵江，王文敬．（2015）．组织记忆、即兴能力与战略变革．南开管理评论，18（4），36 – 46.

[35] 张保仓，任浩．（2018）．虚拟组织知识资源获取对持续创新能力的作用机制研究．管理学报，15（7），1009 – 1017.

[36] 张文勤，孙锐．（2014）．知识员工目标取向与知识团队反思对知识活动行为的交互影响研究．南开管理评论，（5），33 – 41.

[37] 张亚军，张军伟，崔利刚，刘汕．（2018）．组织政治知觉对员工绩效的影响：自我损耗理论的视角．管理评论，30（1），78 – 88.

[38] 张瀛之，刘志远，张炳发．（2017）．决策者心理因素对企业知识资本投资行为异化影响的实证研究．管理评论，29（9），205 – 214.

[39] 周国华，马丹，徐进，任际范．（2014）．组织情境对项目成员知识共享意愿的影响研究．管理评论，26（5），61 – 71.

[40] 周小兰，张体勤．（2018）．个体绩效评估导向对团队学习的影响机制．系统管理学报，27（4），628 – 636.

[41] Argyris, C., & Schön, D. A. (1997). Organizational learning：A theory of action perspective. *Reis*，（77/78），345 – 348.

[42] Bart, V. D. H., & De Ridder, J. A. (2004). Knowledge sharing in context：the influence of organizational commitment, communication climate and CMC use on knowledge sharing. *Journal of Knowledge Management*, 8（6），117 – 130.

[43] Boh, W. F., & Wong, S. S. (2015). Managers versus co-workers as referents：comparing social influence effects on within-and outside-subsidiary knowledge sharing. *Organizational Behavior & Human Decision Processes*，126，1 – 17.

[44] Cross, R., Borgatti, S. P., & Parker, A. 2001. Beyond answers：Dimensions of the advice network. *Social Networks*，23：215 – 235.

[45] Dirks, K. T. , & Ferrin, D. L. (2001). The role of trust in organizational settings. *Organization Science*, 12 (4), 450 – 467.

[46] Eckardt, R. , Skaggs, B. , & Lepak, D. (2017). An examination of the firm-level performance impact of cluster hiring in knowledge-intensive firms. *Academy of Management Journal*, 61 (3), 919 – 944.

[47] Haider, S. , & Mariotti, F. (2010). Filling knowledge gaps: knowledge sharing across inter-firm boundaries and occupational communities. *International Journal of Knowledge Management Studies*, 4 (1), 1.

[48] Hardy, J. H. , Day, E. A. , Hughes, M. G. , Wang, X. , & Schuelke, M. J. (2014). Exploratory behavior in active learning: a between-and within-person examination. *Organizational Behavior & Human Decision Processes*, 125 (2), 98 – 112.

[49] Kanfer, R. , & Chen, G. (2016). Motivation in organizational behavior: history, advances and prospects. *Organizational Behavior & Human Decision Processes*, 136, 6 – 19.

[50] Kristof-Brown, A. L. , Seong, J. Y. , Degeest, D. S. , Park, W. W. , & Hong, D. S. (2014). Collective fit perceptions: a multilevel investigation of person-group fit with individual-level and team-level outcomes. *Journal of Organizational Behavior*, 35 (7), 969 – 989.

[51] Majchrzak, A. , Jarvenpaa, S. L. , & Hollingshead, A. B. (2007). Coordinating expertise among emergent groups responding to disasters. *Organization Science*, 18 (1), 147 – 161.

[52] Mell, J. N. , Van Knippenberg, D. , & Van Ginkel, W. P. (2014). The catalyst effect: the impact of transactive memory system structure on team performance. *Academy of Management Journal*, 57 (4), 1154 – 1174.

[53] Petersen, B. , Pedersen, T. , & Lyles, M. A. (2008). Closing knowledge gaps in foreign markets. *Journal of International Business Studies*, 39 (7), 1097 – 1113.

[54] Pierce, J. L. , Rubenfeld, S. A. , & Morgan, S. (1991). Employee ownership: A conceptual model of process and effects. *Academy of Management review*, 16 (1), 121 – 144.

[55] Renault, C. S. (2012). Economic development in the US alters course because of recession. *Local Economy*, 27 (1), 50 – 54.

[56] Reynolds, S. J. (2006). A neurocognitive model of the ethical decision-making process: implications for study and practice. *Journal of Applied Psychology*, 91 (4), 737 – 748.

［57］ Eisenbeiss, S. A. , & van Knippen-
berg, D. （2015）. On ethical lead-
ership impact：The role of follower
mindfulness and moral emotions.
Journal of Organizational Behavior,
36 （2）, 182 – 195.

［58］ Srivastava, A. , Bartol, K. M. , &
Locke, E. A. （2006）. Empowering
leadership in management teams：
Effects on knowledge sharing, efficacy
and performance. *Academy of Manage-
ment Journal*, 49 （6）, 1239 – 1251.

［59］ Welsh, D. T. , & Lisa D. Ordóñez.
（2014）. Conscience without cognition：
the effects of subconscious priming on
ethical behavior. *Academy of Manage-
ment Journal*, 57 （3）, 723 – 745.

第十五章　网络与网络组织

15.1　网络及网络组织的基本概念

- **网络**（Network）

指一群人建立、保持联系，以便相互沟通的一种形式。

- **正式网络**（Formal network）

指通过正式信息沟通渠道建立起来的联系。

- **社会网络**（Social network）

指一种基于"网络"（节点之间的相互连接）而非"群体"（明确的边界和秩序）的社会组织形式。

- **网络化**（Networking）

指个体在一个网络中变得活跃的过程。

- **网络深度**（Network depth）

指代理人嵌入代理人网络的程度。

- **网络宽度**（Network width）

指代理人在网络中拥有联系的多样性程度。

- **网络位置**（Network position）

指行动者之间关系建立的结果。

- **创新网络合作密度**（Innovative network cooperation density）

指网络中采纳合作策略的主体占全部主体的比重，是衡量创新网络整体合作状态的指标，又称作合作率。

- **创新网络合作密度演化**（Innovation network cooperation density evolution）

  指合作密度随着时间变化而产生的波动现象。

- **团队网络集中度**（Team Network Concentration）

  指网络成员之间的关系集中于某一个或某几个个体的程度。

- **网络组织**（Organization network）

  指企业间契约关系的形态，是组织成员基于正式或非正式契约连接而成的，可从以下四个维度进行定义。

  ◇经济维度
  指网络组织是超越市场与企业的一种混合组织形态。

  ◇历史维度
  指网络组织是各种行为者之间基于信任、认同、互惠及优先权行使等所组成的长期关系系统，它处于不断的演进之中。

  ◇认知维度
  指网络组织是大于个别行为者诀窍总和的集体诀窍的储存器，它使集体学习过程在更广阔的范围内展开。

  ◇规范维度
  指网络组织由旨在确定每个成员的义务与责任的一套规则所定义。

- **分包**（Subcontracting）

  指核心企业的生产业务在企业间层层分包或转包的生产活动协调方式。

- **外购**（Outsourcing）

  指向外界购买，是为了与外包相对应而出现的词语，其含义与采购相同，只是外购在国际贸易中用得更多。

- **产业集群**（Industrial cluster）

  指在特定区域中，具有竞争与合作关系，且在地理上集中，有交互关联性的企业、专业化供应商、服务供应商、金融机构、相关产业的厂商及其他相关机构等组成的群体。

15.2 网络及网络组织的形式

- **组织网络**（Organizational network）

  指一种适应性的组织间关系形态，也是具有自增强或自催化一类的动态系统，即具有局部正反馈的系统。

- **团队社会网络**（Team social network）

  指团队内成员间及成员与团队外相关行动者之间因正式或非正式关系而形成的网络。

- **集群创新网络**（Cluster innovation network）

  指产业集群企业通过合作创新，利用知识互补效应、溢出效应和劳动力流动效应等加快企业的学习和创新过程，降低创新风险，实现知识水平和创新能力快速提升的重要支撑平台。

- **创新网络**（Innovation network）

  指不同层次的组织基于共同的创新目标而建立起来的一种网络组织形式。目的是解决创新的不确定性、资源稀缺性以及创新能力有限性等问题，以帮助创新主体更好地利用外部资源实现创新目标，最终使创新网络中的所有主体共同获益。

- **技术标准化合作网络**（Technical standardization cooperation network）

  指两个及两个以上的行动者以

实现技术标准化为目标产生的联结的集合。

- **社交网络**［Social networking services（SNS）］

  指建立在真实社会的人际交往关系基础之上的线上关系网络。

- **政治关系网络**（Political network）

  指企业家与政府在长期的接触与合作过程中建立起的紧密关系。

- **商业关系网络**（Business relationship network）

  指企业与企业间建立起的联结。

- **创业政治网络**（Entrepreneurial political network）

  指新创企业与产业集群所在地的政府部门、行业主管部门、国有银行等的网络关系。

- **创业商业网络**（Entrepreneurial business network）

  指新创企业与产业集群内的客户、供应商、同行企业等的网络关系。

- **轮型正式网络**（Wheeled formal network）

指一个经理与四个下级进行沟通，并且四个下级之间没有信息沟通渠道的网络关系。

- **环型正式网络**（Ring formal network）

指个体能与左右两边的个体进行信息沟通的网络关系。

- **链型正式网络**（Chained formal network）

指在四个管理层级中，只有下行沟通和上行沟通的网络。

- **全渠道型正式网络**（Omni-channel formal network）

指某一个体能与其他个体自由地相互沟通的网络关系。

- **Y 型正式网络**（Type Y formal network）

指在四个层级的沟通中，两个领导者通过一个人进行沟通的网络关系。

- **倒 Y 型正式网络**（Inverted type Y official network）

指在四个层级的沟通中，一个领导者通过另一个人与其他人进行沟通的网络关系。

- **非正式网络**（Informal network）

指通过非正式信息沟通渠道建立联系的网络关系，非正式网络在组织中普遍存在。

- **单串型非正式网络**（Single string informal network）

指信息在非正式通道中依次传递的网络结构。

- **饶舌型非正式网络**（Rap informal networks）

指信息是通过某个体传递给其他各位的网络关系，此个体在此非正式通道中是一个关键人物。

- **集合型非正式网络**（Collective informal network）

指信息先由 1 传递给几位特定的人 2、3、4，然后又由 2、3、4 再传递给几位特定的人的网络关系。

- **随机型非正式网络**（Casual informal networking）

指信息是通过随机的方式传递的网络关系，在这种网络关系中每个个体都可能是信息沟通者或接收者，信息的传递无规律可循。

15.3 网络组织的管理

- **声誉**（Reputation）

指为了获得交易的长期利益而自觉遵守契约的行为以及由此导致的社会评价。

- **股东**（Stockholder）

指对股份公司债务负有限或无限责任，并凭持有股票享受股息和红利的个人或单位。

- **产业融合**（Industry convergence）

指源于技术进步而使原有产业边界消失，不同产业之间交叉渗透带来新增长区域的现象。

- **工具网络承诺**（Instrumental network commitment）

指个人接受打破或削弱在特定社交网络中的一个或多个直接关系的高个人成本，以及认识到他或她缺乏获得更有益的网络配置的能力。

- **网络承诺**（Network commitment）

指个体在特定社交网络中在其当前直接或相关关系配置的心理约束和愿意保持并参与这种关系配置的程度。

- **规范性网络承诺**（Normative network commitment）

指在特定社交网络中个人对其直接关系的义务和贡献，以及继续与这些关系进行互动和支持的责任。

- **社会微休**（Social micro-break）

指在工作时间内与其他同事进行相对较短的线上或线下互动，例如与同事进行一些与工作无关的话题的简短交谈，以及与朋友和家人进行电话或社交网络服务的联系。

- **团队社会资本**（Team social capital）

指嵌入内部或外部团队社会网络结构中的社会资源（如信息、影响、情感支持等）。

- **社交网络情绪化**（Emotionalization of social networks）

指由于移动社交网络平台的匿名性给个体提供了一个缺乏约束、相对自由的表达空间，个体在此网络语境下的人际沟通、舆情传播及意见表达极易走向过度感性化，进而产生网络情绪化倾向，甚至群体极化的现象。

- **社交网络认知偏差**（Social network cognitive Bias）

指个体对社交网络平台的各种信息或由刺激产生的与实际情况有一定偏差且相对固定的推测、判断及认识。

- **群体内负网络效应**（Negative network effect in group）

指当人们参与典型的双边市场活动时，通常希望平台另一侧参与者的数量越多越好，以提高交易或匹配成功的概率，同时又希望平台同侧的参与者数量越少越好，以减少竞争或避免拥堵。这意味着双边市场中存在群体内负网络效应，也可以称为竞争或拥挤效应。

- **网络治理**（Network governance）

指通过公私部门合作、非营利组织和企业等广泛参与提供公共服务的一种全新的治理模式。

- **团队的过渡性社会资本**（Team-bridging social capital）

指嵌入团队外部网络结构中的资源，其特征是跨不同边界的广泛连接和丰富的全球结构漏洞。

引用文献

书籍：

[1] 陈春花，杨忠，曹洲涛．（2016）．组织行为学（第3版）．机械工业出版社．

[2] 胡君辰，吴小云．（2010）．组织行为学．中国人民大学出版社．

期刊文献：

[1] 曹霞，张路蓬．（2016）．基于利益分配的创新网络合作密度演化研究．系统工程学报，31（1），1-12．

[2] 范建红，陈怀超．（2014）．外部网络结构和内部知识基础组合模式对董事会创造性决策的影响研究．管理评论，26（12），100-109．

[3] 黄昱方，耿叶盈．（2016）．基于组织自尊中介作用的工作团队咨询网络对交互记忆系统的影响机制研究．管理学报，13（5），680-694．

[4] 芮正云，罗瑾琏．（2017）．新创企业联盟能力，网络位置跃迁对其知识权

力的影响——基于知识网络嵌入视角. 管理评论, 29 (8), 187 - 197.

[5] 田博文, 田志龙. (2016). 网络视角下标准制定组织多元主体互动规律研究. 管理学报, 13 (12), 1775 - 1785.

[6] 武立东, 丁昊杰, 王凯. (2016). 民营企业创始人特质与公司治理机制完善程度对职业经理人引入影响研究. 管理学报, 13 (4), 505 - 517.

[7] 王良燕. (2017). 移动社交网络"浸润效应"的 ABC 模型. 系统管理学报, 26 (6), 1001 - 1006.

[8] 王小芳, 纪汉霖. (2015). 用户基础与拥挤效应及双边平台的市场进入. 系统工程学报, 30 (4), 466 - 475.

[9] 徐建中, 朱晓亚. (2018). 社会网络嵌入情境下 R&D 团队内部知识转移影响机理——基于制造企业的实证研究. 系统管理学报, 27 (3), 422 - 451.

[10] 叶琼伟, 张谦, 杜萌, 宋光兴. (2016). 基于双边市场理论的社交网络广告定价分析. 南开管理评论, 19 (1), 169 - 178.

[11] 俞园园, 梅强. (2016). 组织合法性中介作用下的产业集群关系嵌入对新创企业绩效的影响. 管理学报, 13 (5), 697 - 708.

[12] 周文, 陈伟, 郎益夫. (2015). 集群创新网络知识动态增长研究: 基于过程视角. 系统工程学报, 30 (4), 431 - 441.

[13] Bruning, P. F., Alge, B. J., & Lin, H. C. (2018). The embedding forces of network commitment: An examination of the psychological processes linking advice centrality and susceptibility to social influence. *Organizational Behavior and Human Decision Processes*, 148, 54 - 69.

[14] Han, J., Han, J., & Brass, D. J. (2014). Human capital diversity in the creation of social capital for team creativity. *Journal of Organizational Behavior*, 35 (1), 54 - 71.

[15] Kim, S., Park, Y., & Niu, Q. (2017). Micro-break activities at work to recover from daily work demands. *Journal of Organizational Behavior*, 38 (1), 28 - 44.

[16] Oakes, P. J., Haslam, S. A., & Grace, M. D. (1995). Becoming an in-group: reexamining the impact of familiarity on perceptions of group homogeneity. *Social Psychology Quarterly*, 58 (1), 52 - 60.

[17] Podolny, & Joel, M. (1994). Market uncertainty and the social character of economic exchange. *Administrative Science Quarterly*, 39 (3), 458.

[18] Wuthnow, R. (2010). Religious involvement and status-bridging social capital. *Journal for the Scientific Study of Religion*, 41 (4), 669 - 684.

第十六章　新兴组织的兴起与发展

16.1　新兴组织的类型

- **生态型组织**（Ecological organization）

　　指在现代信息技术发展的背景下，企业为适应快速变化的、复杂的市场需求，基于相似系统工程和生态系统的自然原理，使组织按照自然生态系统的机能运作的一种新型组织形式。生态型组织希望的结果是快速响应外部市场需求、资源要素自由有效配置、内部利益交易、决策精准、创新不断涌现。

- **平台化组织**（Platform organization）

　　指强调扁平、灵活和协同，并以其灵活性有效地激发平台上单元、个体的积极性，以迅速扩大平

台规模和影响力的一种组织形式。

- **无边界组织**（Boundaryless organization）

　　指借助信息技术对传统组织结构进行创新，使其边界不由某种预先设定的结构所限定或定义的一种组织设计。

- **幸福组织**（Happiness organization）

　　指现代企业对员工幸福感加以关注的一种组织形式。员工通过组织中的经验认识和自己能力的展现，获得自尊、实现自我价值，为生活增添快乐和幸福。

- **中间性组织**（Inter-firm organization）

　　指通过企业与市场的相互渗透，并借助于一定的纽带融合生成

的相对稳定、独立并普遍存在的一种经济组织，既具有层级组织的某些特征，又具有市场组织的某些特征。

- **虚拟组织**（Virtual organization）

指以市场机遇为切入点，以"业务归核化"和"模块化生产"为指导法则，借助外力来实现企业资源与能力高效集成和优化的动态网络组织。

- **柔性组织**（The flexible organization）

指与动态竞争条件相适应的具有不断适应环境和自我调整能力的组织。

- **双元性组织**（Ambidextrous organization）

指同时具备利用性创新与探索性创新这两种能力的组织。

- **学创型组织**（Learning innovative organization）

指能够根据环境的变化，建立一种能同时开展学习和创新活动，并动态调整学习和创新活动使它们均保持合适程度的组织。该组织真正将学习和创新活动融为一体，从而实现自身目标。

16.2　新兴组织的相关概念

- **特别小组**（Special group）

指一种高度有机的、非机械性的结构，其正规化的程度最低，规则也最少。

- **组织生态位**（Organizational ecological niche）

指组织必须发展与其他组织不尽相同的生存能力和技巧，找到最能发挥自己作用的位置。它是一个多维的概念，由时间、位置和可用资源三个变量决定。

- **自组织**（Self-organization）

指组织受内在的、不确定性的非线性变量所影响，通过与外部环境、信息与能量的不断自我调适，从无序结构到有序结构的一个过程，也指特定的组织、企业、个人，以特定的目的、兴趣、利益等自发聚集形成团体、组织的现象。自组织没有严格的管理规则，成员没有明确的边界和严格的归属。

- **自组织体系**（Self-organization system）

指在获得空间的、时间的或功能的结构过程中，没有外界的特定干涉的体系。

- **自组织理论**（Self-organization theory）

指研究自组织现象和规律的一个全新的理论体系。

- **他组织**（Hetero-organization）

指组织系统在受到外界的特定干预（即外组织力）下获得空间的、时间的或功能的结构过程。

- **扁平化组织**（Horizontal organization）

指通过对金字塔式的官僚组织减少管理层次和扩大管理幅度所形成的新型组织形式。

- **多功能团队**（Multi-functional team）

指将不同思想、不同专业和不同部门的员工按产品、市场或区域划分为若干个具有相对独立性单位的团队。目的是通过识别和解决跨部门、跨领域和多功能的问题来完成特定的任务。

- **虚拟企业**（Virtual enterprise）

指由两个或两个以上的成员公司组成的一种有时限的、暂时的、非固定化的相互依赖、信任、合作的组织。

- **水平分界**（Horizontal boundary）

指各个职能部门之间的边界，是分割职能部门及规则的围墙。

- **垂直分界**（Vertical boundary）

指传统的金字塔式组织结构引起的内部等级制度，组织按各自的职权划分为层层的机构，各个机构都界定了不同的职位、职责和职权。

- **外部边界**（External boundary）

指无边界组织与外部环境的边界，是企业与顾客、供应商、管制机构等外部环境之间的隔离。

- **地理边界**（Geographical boundaries）

指在无边界组织中区分文化、国家和市场的界限。

- **战略联盟**（Strategic alliance）

指由两个或两个以上企业（或特定事业和职能部门），为达到共同拥有市场、共同使用资源等战略目标，通过签订协议、契约而结成的优势相长、风险共担、要素双向或多向流动的松散型组织。

- **企业集群**（Enterprise clusters）

指某一特定产业的企业和机构大量聚集于某一特定地区所形成的一个稳定、持续的竞争优势集合体。

- **企业集团**（Enterprise group）

指以资本为主要联结纽带、以母子公司为主体、以集团章程为共同行为规范的母公司、子公司、参股公司及其他成员企业或机构共同组成的具有一定规模的企业法人联合体。

- **供应链**（Supply chain）

指由产品生产和流通过程中所涉及的原材料供应商、生产商、批发商、零售商以及最终消费者组成的供需网络。

- **星形模式**（Star pattern）

又称有盟主的虚拟组织结构模式，指由一个占主导地位的企业（核心企业）选择一些具有相应核心能力和资源的伙伴组成的一个企业联合体，这类虚拟组织适应市场的变化并抓住某些市场机遇，盟主企业的管理层负责虚拟组织的协调管理，其他合作伙伴则组成外围层。

- **平行模式**（Parallel pattern）

又称民主联盟组织模式，指一种不存在占主导、核心地位的盟主企业的组织模式，虚拟组织的所有成员企业都在平等的基础上相互合作，也就没有了核心层和外围层的区别。

- **联邦模式**（Federated pattern）

指若干骨干企业构成核心层，以市场为中心，再选择合作伙伴企业形成外围层的组织模式，是一般意义上的虚拟组织结构模式。

- **虚拟经营**（Virtual management）

指公司在组织上突破有形的界限，虽有生产、营销、设计、财务等功能，但公司内部没有完整执行这些功能的组织。

引用文献

书籍：

[1] 陈春花，杨忠，曹洲涛．（2016）．组织行为学（第3版）．机械工业出版社．

［2］关培兰．（2010）．组织行为学
（第4版）．中国人民大学出版社．

［3］胡立君，唐春勇．（2010）．组织行
为学．武汉理工大学出版社．

［4］刘新智．（2013）．组织行为学．清
华大学出版社．

［5］张德，陈国权．（2011）．组织行为
学（第2版）．清华大学出版社．

期刊文献：

［1］陈国权．（2017）．学创型组织的理
论和方法．管理学报，14（11），
1608－1615.

［2］罗瑾琏，易明，钟竞．（2018）．双
元领导对亲社会性沉默的影响．管
理科学，31（2），105－119.

［3］张保仓，任浩．（2018）．虚拟组织
知识资源获取对持续创新能力的作
用机制研究．管理学报，15（7），
65－73.

图书在版编目(CIP)数据

组织行为学精要 / 陈红主编. -- 北京：社会科学
文献出版社，2020.12（2021.8 重印）
ISBN 978 - 7 - 5201 - 6289 - 0

Ⅰ.①组… Ⅱ.①陈… Ⅲ.①组织行为学 Ⅳ.
①C936

中国版本图书馆 CIP 数据核字（2020）第 028730 号

组织行为学精要

主　　编 / 陈　红
副 主 编 / 芦　慧　龙如银　岳　婷　陈飞宇

出 版 人 / 王利民
组稿编辑 / 任文武
责任编辑 / 连凌云

出　　版 / 社会科学文献出版社·城市和绿色发展分社（010）59367143
　　　　　地址：北京市北三环中路甲 29 号院华龙大厦　邮编：100029
　　　　　网址：www.ssap.com.cn
发　　行 / 市场营销中心（010）59367081　59367083
印　　装 / 北京玺诚印务有限公司

规　　格 / 开　本：787mm × 1092mm　1/16
　　　　　印　张：17　字　数：268 千字
版　　次 / 2020 年 12 月第 1 版　2021 年 8 月第 2 次印刷
书　　号 / ISBN 978 - 7 - 5201 - 6289 - 0
定　　价 / 98.00 元

本书如有印装质量问题，请与读者服务中心（010 - 59367028）联系